Everyday Korean Beginner 2

날마다 한국어
초급 2

김남정 · 손현미

박영사

머리말
Preface

〈날마다 한국어 초급 2〉는 3~4개월 정도의 한국어 학습 경험이 있는 외국인 학부생 및 대학원생을 대상으로 하여 말하기/듣기/읽기/쓰기 기능을 연계한 통합형 한국어 교재입니다. 이 책은 대학교의 한 학기 일정을 고려한 맞춤형 교재로 일상생활에 필요한 어휘, 표현, 문법 등을 익혀 기초적인 의사소통을 실현하는 것을 목표로 두고 있습니다.

이 책의 특징은 다음과 같습니다.

첫째, 대학교에서 한 학기용 교재로 사용하기에 적합합니다. 일반적인 학부 및 대학원 수입 시간(15주, 30시간 혹은 45시간)에 맞추어 교재 내용을 구성했습니다.

둘째, 책에서만 사용하는 딱딱하고 어려운 표현이 아니라 실생활에서 바로 사용할 수 있는 살아있는 한국어 표현으로 학습 내용을 구성했습니다.

셋째, 외국어를 구사할 때 거치는 인지 과정을 구현한 학습 활동이 가능합니다. 외국인 학습자가 한국어로 발화할 때는 먼저 모국어로 생각한 후 한국어로 변환하는 인지 과정을 거칩니다. 이점을 반영하여 영어 대화문을 보고 한국어로 변환하는 학습 활동인 '너랑 나랑 Talk Talk'을 마련했습니다. 이 활동은 교수자의 재량에 따라 말하기나 쓰기 활동으로 활용할 수 있습니다.

넷째, 한국어와 영어를 병기하여 학습자와 교수자의 편의성을 높였습니다. 국제 공용어인 영어를 사용하여 교재의 모든 내용을 설명함으로써 학습자는 보다 쉽게 이해할 수 있고, 교수자는 소통이 어려운 초급 학습자를 수월하게 가르칠 수 있는 보조수단으로 사용할 수 있습니다.

다섯째, 한국어 교육 현장 경험이 풍부한 전문가가 쓴 교재입니다. 저자는 대학교 부속 한국어 교육기관 및 학부, 대학원 교육 경력이 10년 이상으로 한국어 교육 현장에서 필요한 것이 무엇인지 잘 이해하고 있습니다. 이를 바탕으로 교수자와 다양한 국적의 학습자 요구에 맞춘 교재를 집필했습니다.

〈날마다 한국어 초급 2〉가 나올 수 있도록 응원하여 주신 부모님과 시작부터 지금까지 걸음걸음 인도하여 주신 하나님께 감사드립니다. 그리고 이 책을 출판할 수 있는 좋은 기회를 주시고, 꼼꼼하게 편집하여 완성도를 높여 주신 박영사의 박부하 과장님과 조영은 대리님을 비롯한 편집진 여러분께도 감사의 마음을 전합니다.

일러두기
How to use this textbook

〈날마다 한국어 초급 2〉는 총 6단원으로 구성되어 있습니다. 각 단원은 하나의 주제를 중심으로 2개 과로 이루어져 있습니다. 각 과는 '어휘, 문법 1·2, 말하기'로 구성되어 있으며, 각 단원의 마지막에는 '듣기, 읽기, 쓰기, 너랑 나랑 Talk Talk, 어휘 확인'을 두어 해당 단원의 학습 내용을 정리할 수 있도록 했습니다.

각 단원은 다음과 같이 구성되어 있습니다.

단원 Unit	
1과 First chapter	2과 Second chapter
어휘 Vocabulary 문법 1 Grammar 1 문법 2 Grammar 2 말하기 Speaking	어휘 Vocabulary 문법 1 Grammar 1 문법 2 Grammar 2 말하기 Speaking
듣기 Listening	
읽기 Reading	
쓰기 Writing	
너랑 나랑 Talk Talk	
어휘 확인 Vocabulary check	

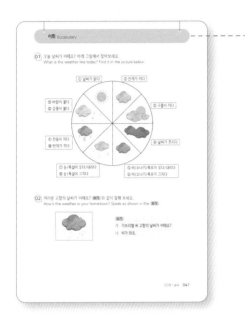

어휘 Vocabulary

· 어휘 1에서는 주제와 관련된 어휘를 쉽게 익힐 수 있도록 그림으로 제시했습니다.

· 어휘 2에서는 간단한 질문 형식을 통해 실제 대화 상황에서 어휘 사용이 가능하도록 했습니다.

문법 Grammar

문법의 의미를 명확하게 이해할 수 있도록 설명을 제시했습니다.

그림과 함께 짧은 대화문을 제시하여 실제 대화 상황에서 문법을 어떻게 사용하는지를 보여줍니다.

· 연습 1에서는 문법의 형태적인 변화를 알 수 있도록 간단한 활동을 제시했습니다.

· 연습 2에서는 문법을 사용하여 유의미한 연습을 할 수 있는 말하기 활동을 제시했습니다.

말하기 Speaking

대화와 관련된 그림과 함께 해당 과에서 다루는 어휘, 문법을 활용하여 실제 대화 상황에서 사용 가능한 대화문을 제시했습니다.

· 연습에서는 어휘 교체 활동을 통해 다양한 상황에서의 대화가 가능하도록 제시했습니다.

· 〈하나 더 Extra tips〉에서는 간단한 설명을 통해 학습에 필요한 팁을 제시했습니다.

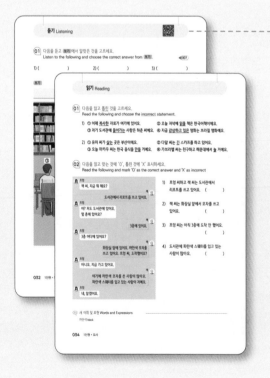

듣기 Listening / 읽기 Reading

· 듣기 1은 간단한 대화 상황에서 질문에 대한 적절한 대답을 찾는 문제로 구성했습니다.

· 듣기 2는 듣기 1보다 긴 대화문으로 구성하여 대화의 주제 및 세부 내용을 이해했는지 확인하는 문제로 구성했습니다.

· 읽기도 듣기와 동일한 형식으로 난이도에 따라 읽기 1에서는 간단한 읽기 활동을, 읽기 2에서는 읽기 1보다 긴 텍스트를 제시하여 답을 찾는 문제로 구성했습니다.

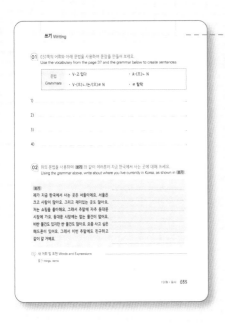

쓰기 Writing

- 쓰기 1에서는 해당 단원에서 학습한 문법과 어휘를 사용하여 다양한 문장을 만드는 연습을 제시했습니다.
- 쓰기 2에서는 단원의 주제에 맞는 짧은 글을 보고 학습자가 따라 쓸 수 있도록 제시하였습니다.

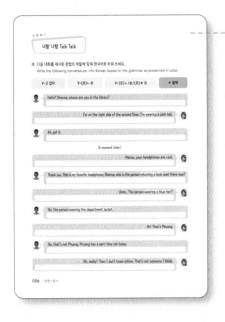

너랑 나랑 Talk Talk

말하기에서 배운 내용을 재구성하여 영어 대화문으로 제시하고, 학습자가 이를 한국어로 바꾸도록 했습니다. 이를 통해 앞에서 배운 어휘, 문법, 표현을 재확인할 수 있고, 실제 대화 상황에서처럼 즉각적으로 문장을 만들 수 있도록 구성했습니다.

어휘 확인 Vocabulary check

각 단원의 주제 어휘를 제시하여 학습자가 스스로 점검해 보도록 했습니다.

부록 Appendix

듣기 대본, 정답, 어휘 색인을 제공하여 학습자가 해당 단원의 내용을 확인할 수 있도록 했습니다. 어휘 색인은 '새 어휘 및 표현'에서 제시한 것만 목록화했습니다.

차례
Contents

교재 구성표 Scope and sequence

단원 Unit	과 Chapter	제목 Title	어휘 Vocabulary	문법1 Grammar 1	문법2 Grammar 2
1 묘사 Description	1	파란색 모자를 쓰고 있어요. I'm wearing a blue hat.	복장 묘사 Description of attire	V-고 있다	A-(으)ㄴ N
	2	지금 저기 도서관에 들어가는 사람이 누구예요? Who is the person going to the library now?	행동 묘사 Description of actions	V-(으)ㄴ/는/(으)ㄹ N	ㄹ 탈락
2 날씨 Weather	3	오후부터 비가 오고 바람도 불겠습니다. It will rain and be windy from the afternoon.	기후 Climate	V/A-ㅂ/습니다, V/A-ㅂ/습니까?	V/A-겠-(추측)
	4	이번 여름은 작년보다 더 더워요. This summer is hotter than last year.	계절 Season	N은/는(대조)	N보다(비교)
3 대학 생활 Campus Life	5	교수님, 지금 시간 괜찮으세요? Professor, are you free now?	고민 Concerns	V/A-(으)시-	V-겠-(의지)
	6	저는 요리하는 것을 좋아해요. I love to cook.	취미 Hobby	V-는 것	V-(으)ㄹ 수 있다/없다

말하기 Speaking	듣기 Listening	읽기 Reading	쓰기 Writing	너랑 나랑 Talk Talk
친구의 복장 묘사하기 Describing a friend's outfit. 인물 묘사하기 Describing a person.	좋아하는 사람에 관한 대화 듣기 Listening to conversations about the person you like.	인물을 묘사하는 글 읽기 Reading text describing a person.	지금 사는 곳에 관한 글쓰기 Writing about where you live now.	인물 묘사에 대한 대화 Conversations about describing a person.
내일의 날씨 묻고 대답하기 Asking and answering about tomorrow's weather. 좋아하는 계절 묻고 대답하기 Asking and answering about one's favorite season.	일기예보에 관한 대화 듣기 Listening to conversations about the weather forecast.	고향 날씨를 설명하는 글 읽기 Reading text explaining the weather in one's hometown.	좋아하는 계절에 관한 글쓰기 Writing about one's favorite season.	날씨에 대한 대화 Conversations about the weather.
고민 상담하기 Consulting your concerns. 취미 묻고 대답하기 Asking and answering about hobbies.	고민에 관한 이야기 듣기 Listening to conversations about concerns.	고민을 상담하는 글 읽기 Reading text about consulting one's concerns.	배우고 싶은 것에 관한 글쓰기 Writing about what you want to learn.	대학 생활에 대한 대화 Conversations about campus life.

단원 Unit	과 Chapter	제목 Title	어휘 Vocabulary	문법1 Grammar 1	문법2 Grammar 2
4 건강 Health	7	감기에 걸려서 콧물이 나요. I have a runny nose because I caught a cold.	증상 1 Symptom 1	V/A-아/어/해서	ㅅ 불규칙
	8	아프면 참지 말고 약을 드세요. If you feel sick, don't hold back and take the medicine.	증상 2 Symptom 2	V/A-(으)면	V-지 말다
5 교통 Transportation	9	여기에서 앞으로 쭉 가세요. Go straight ahead from here.	길 찾기 / 길 안내 Finding directions / Giving directions	N(으)로(방향)	V-아/어/해야 되다/하다
	10	길이 막히니까 지하철을 타는 게 어때요? How about taking the subway since the road is congested?	교통수단 Transportation	V/A-(으)니까	V/A-거나
6 여행 Travel	11	저는 한복을 한번 입어 보고 싶어요. I'd like to try Hanbok on.	문화 체험 Cultural experience	V/A-(으)ㄹ 때	V-아/어/해 보다
	12	우리 주말에 같이 경주에 갈까요? Shall we go to Gyeongju together on the weekend?	여행 계획 Travel plan	V-(으)려고 하다	V-(으)ㄹ까요?

말하기 Speaking	듣기 Listening	읽기 Reading	쓰기 Writing	너랑 나랑 Talk Talk
감기 증상 묻고 대답하기 Asking and answering about cold symptoms. 병원에서 증상 묻고 대답하기 Asking and answering about symptoms at the hospital.	증상에 관한 대화 듣기 Listening to conversations about symptoms.	증상을 설명하는 글 읽기 Reading text describing symptoms.	아팠던 경험에 관한 글쓰기 Writing about experiences of being sick.	건강에 대한 대화 Conversations about health.
길 묻고 대답하기 Asking and answering about directions. 교통수단 묻고 대답하기 Asking and answering about transportation.	길 찾기에 관한 대화 듣기 Listening to conversations about finding directions.	교통수단을 설명하는 글 읽기 Reading text about transportation.	교통수단 이용 경험에 관한 글쓰기 Writing about experiences of using transportation.	교통에 대한 대화 Conversations about transportation.
문화 체험 경험 묻고 대답하기 Asking and answering about cultural experiences. 여행 계획 묻고 대답하기 Asking and answering about travel plans.	여행 계획에 관한 대화 듣기 Listening to conversations about travel plans.	여행지 소개하는 글 읽기 Reading text introducing travel destinations.	여행 경험에 관한 글쓰기 Writing about travel experiences.	여행에 대한 대화 Conversations about travel.

1단원

UNIT 1

나랏말ᄊᆞ미
듕귁에달아
문ᄍᆞ와로서르
ᄉᆞᄆᆞᆺ디아니ᄒᆞᆯᄊᆡ

이런젼ᄎᆞ로
어린百셩이
니르고져호ᇙ
배이셔도

묘사
Description

1 과
Chapter 1

파란색 모자를 쓰고 있어요.
I'm wearing a blue hat.

어휘 Vocabulary

※ 친구들이 무슨 옷을 입고 있어요? 그림을 보고 이야기해 보세요.
What are your friends wearing? Look at the picture and talk about it.

① 헤드폰 　② 모자 　③ 학과 잠바 　④ 정장 　⑤ 스카프 　⑥ 안경 　⑦ 넥타이 　⑧ 구두 　⑨ 운동화 　⑩ 귀걸이

입다　　쓰다　　신다　　하다　　매다　　끼다

문법 1 Grammar 1 V-고 있다

V-고 있다

'V-고 있다'는 어떤 행동이 계속 진행됨을 나타낼 때 사용해요. 그리고 어떤 행동의 결과가 계속됨을 나타낼 때도 사용해요. 이때는 '입다, 신다, 쓰다, 하다, 매다, 끼다' 등과 같은 착용의 의미를 가진 동사와 사용할 수 있어요.

'V-고 있다' is used to indicate that an action is ongoing or that the result of an action continues. It can also be used with verbs that imply wearing or putting on something, such as '입다(to wear clothes), 신다(to wear shoes), 쓰다(to wear hats/glasses), 하다(to wear accessories), 매다(to tie, e.g., a tie or shoelaces), and 끼다(to wear gloves or rings).'

◀ 001

가 다말 씨, 지금 어디에 있어요?
나 201호 강의실에서 수업을 **듣고 있어요.**

가 Damal, where are you now?
나 I'm taking a class in lecture room 201.

◀ 002

가 다말 씨, 강의실 어디에 있어요?
나 강의실 앞에 있어요. 파란색 모자를 **쓰고 있어요.**

가 Damal, where are you in the lecture room?
나 I'm in the front of the lecture room, wearing a blue hat.

💬 **새 어휘 및 표현** Words and Expressions

수업을 듣다 to attend a class   파란색 blue

✎ **연습 Practice 1**

● 보기 와 같이 'V-고 있다'를 사용해서 문장을 완성해 보세요.
  Complete the sentences using 'V-고 있다' as shown in the 보기 .

  보기 내일 시험이 있어요. 그래서 지금 마카우 씨는 도서관에서 <u>공부하고 있어요</u>.   공부하다

  1) 카나 씨는 한국에 관심이 있어요. 그래서 한국어를 _____.   배우다

  2) 하오란 씨는 다음 주에 여행을 가요. 그래서 지금 호텔을 _____.   예약하다

  3) 오늘은 제시카 씨 생일이에요. 그래서 노래방에서 친구들하고 _____.   놀다

  4) 잭 씨는 아침을 안 먹었어요. 그래서 편의점에서 라면하고 김밥을 _____.   먹다

✎ **연습 Practice 2**

● 25쪽을 보고 보기 와 같이 'V-고 있다'를 사용해서 친구와 이야기해 보세요.
  Refer to the p.25 and talk to your friend using 'V-고 있다' as shown in the 보기 .

보기
가 카나 씨는 무슨 옷을 <u>입고 있어요</u>?
나 분홍색 스웨터를 <u>입고 있어요</u>.

보기
가 제시카 씨는 지금 뭐 <u>하고 있어요</u>?
나 휴대폰을 <u>보고 있어요</u>.

💬 **새 어휘 및 표현 Words and Expressions** _____

다음 주 next week   놀다 to hang out   호텔 hotel   내일 tomorrow   아침 morning, breakfast   분홍색 pink   스웨터 sweater

A-(으)ㄴ N

'A-(으)ㄴ N'는 형용사와 함께 쓰여 뒤에 오는 명사의 내용을 수식할 때 사용해요. 형용사에 받침이 있으면 'A-은 N', 받침이 없거나 받침 'ㄹ'이 있으면 'A-ㄴ N', '있다/없다'로 끝나면 'A-는 N'를 사용해요.

'A-(으)ㄴ N' is used with adjectives to modify the following noun. If the adjective ends in a consonant, use 'A-은 N'. If it ends in a vowel or 'ㄹ', use 'A-ㄴ N'. For adjectives ending in '있다/없다', use 'A-는 N'.

◀003

가 누가 다말 씨 친구예요?

나 머리가 **짧은** 사람이 제 친구예요.

가 Who is Damal's friend?
나 The person with short hair is my friend.

✎ 연습 Practice 1

● 보기 와 같이 'A-(으)ㄴ N'를 사용해서 문장을 완성해 보세요.
Complete the sentences using 'A-(으)ㄴ N' as shown in the 보기 .

보기 프엉 씨는 <u>예쁜</u> 안경을 쓰고 있어요.   예쁘다

1) 샤르마 씨는 _____ 귀걸이를 하고 있어요.   작다

2) 하준 씨는 _____ 운동화를 신고 있어요.   비싸다

3) 가브리엘 씨는 _____ 헤드폰을 끼고 있어요.   유명하다

4) 잭 씨는 _____ 정장을 입고 있어요.   멋있다

5) 다말 씨는 _____ 스카프를 하고 있어요.   귀엽다

💬 새 어휘 및 표현 Words and Expressions

짧다 short   예쁘다 pretty   멋있다 cool, stylish

● 보기 와 같이 'A-(으)ㄴ N'를 사용해서 친구와 이야기해 보세요.

  Talk to your friend using 'A-(으)ㄴ N' as shown in the 보기 .

보기

가 하오란 씨는 어떤 음식을 좋아해요?

나 (맵다 / 달다 / 짜다 / 시다)

  ▶ 저는 매운 음식을 좋아해요.

1) 가 _____ 씨는 어떤 영화를 좋아해요?

  나 저는 (무섭다 / 재미있다 / 슬프디) 영회를 좋아해요.

2) 가 _____ 씨는 어떤 사람을 좋아해요?

  나 저는 (키가 크다 / 똑똑하다 / 친절하다 / 예쁘다 / 돈이 많다 / 귀엽다 / 마음이 따뜻하다) 사람을

  좋아해요.

3) 가 _____ 씨는 어떤 장소를 좋아해요?

  나 저는 (조용하다 / 재미있다 / 자연이 아름답다) 장소를 좋아해요.

💬 **새 어휘 및 표현** Words and Expressions ─────────────────────────────

좋아하다 to like   맵다 spicy   달다 sweet   짜다 salty   시다 sour   무섭다 scary, frightening   슬프다 sad   마음 mind, heart

키가 크다 tall   똑똑하다 smart   장소 place   조용하다 quiet   자연 nature

◀ 004

Muhammad	Hello?
Phuong	Hello?
Muhammad	Phuong, I just arrived at the library. Where are you in the library?
Phuong	I'm on the right side of the 2nd floor. I'm wearing a pink hat.
Muhammad	Ah, got it.
	(After a while)
Phuong	Muhammad, you're wearing cool headphones today.
Muhammad	Thank you! I bought them last week. I really like them too.
Phuong	I want to buy those headphones too.

무하마드   여보세요?

프엉   여보세요?

무하마드   프엉 씨, 저는 지금 도서관에 도착했어요. 프엉 씨는 도서관 어디에 있어요?

프엉   2층 오른쪽에 있어요. 분홍색 모자를 쓰고 있어요.

무하마드   아, 알겠어요.

(잠시 후)

프엉   무하마드 씨, 오늘 멋있는 헤드폰을 끼고 왔어요.

무하마드   고마워요. 지난주에 새로 샀어요. 저도 아주 마음에 들어요.

프엉   저도 그런 헤드폰을 사고 싶어요.

💬 **새 어휘 및 표현** Words and Expressions

새로 newly   마음에 들다 to like, to love   그런 such

● 앞의 대화를 참고하여 같은 색깔의 단어끼리 바꾸어 친구와 이야기해 보세요.

Refer to the conversation above and talk to your friend as you change the words of the colors shown.

1)

학생 식당　학과 잠바를 입다
운동화를 신다　운동화

2)

커피숍　파란색 스카프를 매다
선글라스를 쓰다　선글라스

3)

서점　정장을 입다
모자를 쓰다　모자

4)

💬 **새 어휘 및 표현** Words and Expressions

선글라스 sunglasses

2과

Chapter 2

지금 저기 도서관에 들어가는 사람이 누구예요?

Who is the person going to the library now?

📖 **어휘** 행동 묘사
Description of actions

📖 **문법 1** V-(으)ㄴ/는/(으)ㄹ N

📖 **문법 2** ㄹ 탈락

📖 **말하기** 인물 묘사하기
Describing a person.

어휘 Vocabulary

※ 여러분은 도서관에서 주로 뭐 해요? 그림을 보고 이야기해 보세요.
What do you usually do in the library? Look at the picture and talk about it.

① 영화를 감상하다
② 발표를 준비하다
③ 책을 고르다
④ 자료를 복사하다
⑤ 책을 빌리다
⑥ 책을 반납하다
⑦ 도서관에 들어가다
⑧ 도서관을 나가다
⑨ 리포트를 쓰다
⑩ 자료를 검색하다

V-(으)ㄴ/는/(으)ㄹ N

'V-(으)ㄴ/는/(으)ㄹ N'는 동사와 함께 쓰여 뒤에 오는 명사의 내용을 수식할 때 사용해요. 동사가 과거 시제면 'V-(으)ㄴ N'를 사용하는데 동사에 받침이 있으면 'V-은 N', 받침이 없거나 받침 'ㄹ'이 있으면 'V-ㄴ N'를 사용해요. 동사가 현재 시제면 'V-는 N'를 사용하고 동사의 받침이 있든 없든 모두 'V-는 N'를 사용해요. 그리고 동사가 미래 시제면 'V-(으)ㄹ N'를 사용하는데 동사에 받침이 있으면 'V-을 N', 받침이 없거나 받침 'ㄹ'이 있으면 'V-ㄹ N'를 사용해요.

'V-(으)ㄴ/는/(으)ㄹ N' is used with verbs to modify the following noun. If the verb is in the past tense, use 'V-(으)ㄴ N.' If the verb stem has a final consonant, 'V-은 N' is used, but if the verb stem has no final consonant or ends in 'ㄹ', 'V-ㄴ N' is used. If the verb is in the present tense, use 'V-는 N' regardless of the ending. For future tense, 'V-(으)ㄹ N' is used. When the verb stem ends in a consonant, 'V-을 N' is used and when the verb stem ends in a vowel or 'ㄹ', 'V-ㄹ N' is used.

◀ 005

가 지금 저기 도서관에 **들어가는 사람**이 누구예요?

나 마카우 씨예요.

가 Who is the person going to the library now?

나 That's Macau.

● 보기 와 같이 'V-(으)ㄴ/는/(으)ㄹ N'를 사용해서 문장을 완성해 보세요.
　Complete the sentences using 'V-(으)ㄴ/는/(으)ㄹ N' as shown in the 보기 .

　보기　이 책은 제 생일에 친구가 <u>준</u> 책이에요.　　　　　　　　　　　　　　주다

1) 지난주에 ＿＿＿＿＿＿＿＿＿ 책을 아직 반납 안 했어요.　　　　　　　　　　　　빌리다

2) 가브리엘 씨가 지금 ＿＿＿＿＿＿＿＿＿ 책은 '날마다 한국어 2'예요.　　　　　　공부하다

3) 파란색 모자를 쓰고 자료를 ＿＿＿＿＿＿＿＿＿＿＿＿ 사람이 프엉 씨예요.　　　검색하고 있다

4) 내일 수업에서 ＿＿＿＿＿＿＿＿＿ 영화는 '기생충'이에요　　　　　　　　　　감상하다

5) 어제저녁에 ＿＿＿＿ 음식은 비빔밥이고, 오늘 저녁에 ＿＿＿＿ 음식은 김치찌개예요.　먹다 / 먹다

✎ 연습 Practice 2

● 보기 와 같이 'V-(으)ㄴ/는/(으)ㄹ N'를 사용해서 친구와 이야기해 보세요.
　Talk to your friend using 'V-(으)ㄴ/는/(으)ㄹ N' as shown in the 보기 .

보기
가　샤르마 씨는 어떤 사람을 좋아해요?
나　제가 <u>좋아하는 사람</u>은 마음이 따뜻한 사람이에요.

1) ＿＿＿＿＿ 씨가 작년에 읽은
　책은 뭐예요?

2) ＿＿＿＿＿ 씨가 요즘
　좋아하는 노래는 뭐예요?

3) ＿＿＿＿＿ 씨가 오늘 저녁에
　먹을 음식은 뭐예요?

💬 새 어휘 및 표현 Words and Expressions ＿＿＿＿＿＿＿＿＿＿＿＿＿＿＿＿＿＿＿＿

어제저녁 last night　기생충 parasite　저녁 evening　작년 last year　요즘 these days

문법 2 Grammar 2 ㄹ 탈락

ㄹ 탈락

'ㄹ 탈락'은 어간이 받침 'ㄹ'로 끝나는 동사나 형용사가 'ㄴ, ㅂ, ㅅ'으로 시작하는 어미나 '-(으)ㄹ' 형태의 어미가 뒤에 오면 'ㄹ'이 탈락하는 현상을 말해요.

'ㄹ irregular' occurs when the stem of a verb or an adjective that ends in 'ㄹ' meets an ending that begins with 'ㄴ, ㅂ, ㅅ', 'ㄹ' is dropped.

◀ 006

가   하준 씨, 발표 자료를 언제 **만들 거예요**?

나   오늘 **만들 거예요**.

가   Hajun, when are you going to prepare the presentation materials?

나   I will prepare them today.

✏ **연습** Practice 1

● 보기 와 같이 'ㄹ 탈락'을 사용해서 문장을 완성해 보세요.
Complete the sentences using 'ㄹ 탈락' as shown in the 보기 .

보기 제가 지금 <u>사는</u> 곳은 한국이에요.	살다

1) 저는 _____ 머리 여자를 좋아해요.   길다

2) 한국에 _____ 사람이 없어요.   알다

3) 여기에 _____ 선글라스가 있어요.   마음에 들다

💬 **새 어휘 및 표현** Words and Expressions

곳 place   길다 long   머리 hair

4) 가 무하마드 씨, 주말에 뭐 할 거예요?

　　나 해운대에서 제시카 씨하고 같이 _____.　　　　　　　놀다

5) 가 샤르마 씨, 오늘 저녁에 뭐 할 거예요?

　　나 친구하고 김밥을 _____.　　　　　　　　　　　　　　만들다

✏️ **연습** Practice 2

● 보기 와 같이 'ㄹ 탈락'을 사용해서 친구와 이야기해 보세요.
　Talk to your friend using 'ㄹ 탈락' as shown in the 보기 .

보기
가 카나 씨가 한국에서 <u>사는</u> 곳은 어디예요? 거기는 어때요?
나 제가 <u>사는</u> 곳은 부산이에요. 부산에는 바다가 있어요.
　　주말에 친구하고 바다에서 사진을 찍고 놀아요. 재미있어요.
　　그리고 맛있는 음식도 많아요. 그래서 저는 부산이 아주
　　마음에 들어요.

1) _____ 씨가 한국에서 사는 곳은 어디예요? 거기는 어때요?

2) _____ 씨가 한국에서 아는 맛집이 있어요? 거기는 어때요?

3) _____ 씨가 한국에서 마음에 드는 커피숍이 있어요? 거기는 어때요?

🔊007

Haolan	Jessica, who is the person going to the library now?
Jessica	Umm... The person wearing a blue hat?
Haolan	No, the person wearing the department jacket.
Jessica	Ah! That's Sharma.
Haolan	Sharma? That's not Sharma. Sharma has a part-time job today.
Jessica	No, look closely. Like Sharma, she is tall and has long hair.
Haolan	Sharma is tall and has long hair but doesn't wear skirts. That person is wearing a skirt.
Jessica	Oh, really? Then who is that?
Haolan	Hmm... I don't know either. That's not someone I know.

하오란	제시카 씨, 지금 저기 도서관에 들어가는 사람이 누구예요?
제시카	어… 파란색 모자를 쓰고 있는 사람요?
하오란	아니요. 학과 잠바를 입고 있는 사람요.
제시카	아! 샤르마 씨예요.
하오란	샤르마 씨요? 저 사람은 샤르마 씨가 아니에요. 샤르마 씨는 오늘 아르바이트가 있어요.
제시카	아니에요. 잘 보세요. 샤르마 씨처럼 키가 크고 머리가 길어요.
하오란	샤르마 씨는 키가 크고 머리가 길지만 치마를 안 입어요. 저 사람은 치마를 입고 있어요.
제시카	아, 그래요? 그럼 저 사람은 누구예요?
하오란	음… 저도 모르겠어요. 제가 아는 사람이 아니에요.

> **하나 더 Extra tips**
>
> 'N처럼'은 앞말과 모양이나 행동이 비슷하거나 같을 때 사용해요.
> 'N처럼' is used when something resembles or is similar to the shape or behavior of the preceding word.

💬 **새 어휘 및 표현 Words and Expressions**

치마 skirt

● 앞의 대화를 참고하여 같은 색깔의 단어끼리 바꾸어 친구와 이야기해 보세요.

Refer to the conversation above and replace words of the same same color to talk to your friend.

1)

자료를 검색하다   안경을 쓰고 있다
정장을 입고 있다

2)

책을 고르다   학과 잠바를 입고 있다
헤드폰을 끼고 있다

3)

자료를 복사하다   스카프를 하고 있다
분홍색 스웨터를
입고 있다

4)

듣기 Listening

01 다음을 듣고 보기 에서 알맞은 것을 고르세요.
Listen to the following and choose the correct answer from the 보기.　◀008

1) (　　　　　　　)　　　2) (　　　　　　　)　　　3) (　　　　　　　)

보기

02 다음을 듣고 질문에 답하세요.
Listen to the following and answer the questions.

◀ 009

1) 두 사람은 무엇에 대해 말하고 있어요?
What are the two persons talking about?

① 좋아하는 가수   ② 좋아하는 성격   ③ 만나고 싶은 사람   ④ 마음에 드는 외모

2) 대화를 듣고 맞는 것을 고르세요.
Listen to the dialogue and choose the correct answer.

① 카나 씨는 가수처럼 멋있는 남자를 좋아해요.

② 마카우 씨는 제시카 씨의 남자 친구를 알아요.

③ 책을 빌리고 있는 남자는 카나 씨의 남자 친구예요.

④ 마카우 씨는 카나 씨랑 성격이 비슷한 여자를 좋아해요.

🗨 새 어휘 및 표현 Words and Expressions _____

가수 singer   성격 personality   외모 appearance, look   잘생기다 good looking   왜 why   비슷하다 similar

읽기 Reading

01 다음을 읽고 <u>틀린</u> 것을 고르세요.
Read the following and choose the <u>incorrect</u> statement.

1) ① 어제 <u>복사한</u> 자료가 여기에 있어요. ② 오늘 저녁에 <u>읽을</u> 책은 한국어책이에요.
③ 저기 도서관에 <u>들어가는</u> 사람은 하준 씨예요. ④ 지금 <u>감상하고 있은</u> 영화는 브라질 영화예요.

2) ① 유미 씨가 <u>사는</u> 곳은 부산이에요. ② 다말 씨는 긴 스카프를 하고 있어요.
③ 오늘 마카우 씨는 한국 음식을 <u>만들</u> 거예요. ④ 가브리엘 씨는 친구하고 해운대에서 놀 거예요.

02 다음을 읽고 맞는 것에 'O', 틀린 것에 'X' 표시하세요.
Read the following and mark 'O' as the correct answer and 'X' as incorrect

프엉
잭 씨, 지금 뭐 해요?

잭
도서관에서 리포트를 쓰고 있어요.

프엉
어? 저도 도서관에 있어요.
몇 층에 있어요?

잭
3층에 있어요.

프엉
3층 어디에 있어요?

잭
화장실 앞에 있어요. 까만색 모자를
쓰고 있어요. 프엉 씨, 도착했어요?

프엉
아니요. 지금 가고 있어요.

잭
여기에 까만색 모자를 쓴 사람이 많아요.
파란색 스웨터를 입고 있는 사람이 저예요.

프엉
네, 알겠어요.

1) 프엉 씨하고 잭 씨는 도서관에서
리포트를 쓰고 있어요. (   )

2) 잭 씨는 화장실 앞에서 모자를 쓰고
있어요. (   )

3) 프엉 씨는 아직 3층에 도착 안 했어요.
(   )

4) 도서관에 파란색 스웨터를 입고 있는
사람이 많아요. (   )

💬 새 어휘 및 표현 Words and Expressions

까만색 black

쓰기 Writing

01 37쪽의 어휘와 아래 문법을 사용하여 문장을 만들어 보세요.
Use the vocabulary from the page 37 and the grammar below to create sentences.

문법 Grammars	· V-고 있다	· A-(으)ㄴ N
	· V-(으)ㄴ/는/(으)ㄹ N	· ㄹ 탈락

1) ....

2) ....

3) ....

4) ....

02 위의 문법을 사용하여 보기 와 같이 여러분이 지금 한국에서 사는 곳에 대해 쓰세요.
Using the grammar above, write about where you live currently in Korea, as shown in the 보기 .

보기

제가 지금 한국에서 사는 곳은 서울이에요. 서울은 크고 사람이 많아요. 그리고 재미있는 곳도 많아요. 저는 쇼핑을 좋아해요. 그래서 주말에 자주 동대문 시장에 가요. 동대문 시장에는 없는 물건이 없어요. 비싼 물건도 있지만 싼 물건도 많아요. 요즘 사고 싶은 헤드폰이 있어요. 그래서 이번 주말에도 친구하고 같이 갈 거예요.

💬 새 어휘 및 표현 Words and Expressions

물건 things, items

너랑 나랑 Talk Talk

● 다음 대화를 제시된 문법의 색깔에 맞춰 한국어로 바꿔 쓰세요.

Write the following conversation into Korean based on the grammar as presented in color.

| V-고 있다 | V-(으)ㄴ N | V-(으)ㄴ/는/(으)ㄹ N | ㄹ 탈락 |

Hello? Sharma, where are you in the library?

I'm on the right side of the second floor. I'm wearing a pink hat.

Ah, got it.

(A moment later)

Macau, your headphones are cool.

Thank you. This is my favorite headphones. Sharma, who is the person returning a book over there now?

Umm... The person wearing a blue hat?

No, the person wearing the department jacket.

Ah! That's Phuong.

No, that's not Phuong. Phuong has a part-time job today.

Oh, really? Then I don't know either. That's not someone I know.

1과

- ☐ 헤드폰 headphones
- ☐ 모자 hat
- ☐ 학과 잠바 varsity jacket
- ☐ 정장 suit
- ☐ 스카프 scarf
- ☐ 안경 glasses
- ☐ 넥타이 necktie
- ☐ 구두 dress shoes
- ☐ 운동화 sneakers
- ☐ 귀걸이 earrings
- ☐ 입다 to wear clothes
- ☐ 쓰다 to wear hats/glasses
- ☐ 신다 to wear shoes
- ☐ 하다 to wear accessories
- ☐ 매다 to tie a tie/shoelaces
- ☐ 끼다 to wear gloves/rings

2과

- ☐ 영화를 감상하다 to watch/enjoy a movie
- ☐ 발표를 준비하다 to prepare a presentation
- ☐ 책을 고르다 to choose a book
- ☐ 자료를 복사하다 to copy materials
- ☐ 책을 빌리다 to borrow a book
- ☐ 책을 반납하다 to return a book
- ☐ 도서관에 들어가다 to go to the library
- ☐ 도서관에 들어오다 to enter the library
- ☐ 리포트를 쓰다 to write a report
- ☐ 자료를 검색하다 to search for resources

2단원
UNIT 2

나랏말ᄊᆞ미 듕귁에달아 문ᄍᆞᆼ와로서르 ᄉᆞᄆᆞᆺ디아니ᄒᆞᆯᄊᆡ

이런젼ᄎᆞ로 어린빅셩이 니르고져 홇배이셔...

날씨
Weather

오후부터 비가 오고
바람도 불겠습니다.

It will rain and be windy from the afternoon.

📖 **어휘** 기후
Climate

📖 **문법 1** V/A-ㅂ/습니다, V/A-ㅂ/습니까?

📖 **문법 2** V/A-겠-(추측)

📖 **말하기** 내일의 날씨 묻고 대답하기
Asking and answering about tomorrow's weather

01 오늘 날씨가 어때요? 아래 그림에서 찾아보세요.
What is the weather like today? Find it in the picture below.

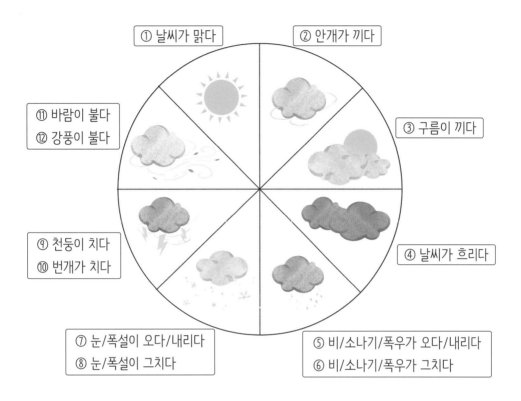

- ① 날씨가 맑다
- ② 안개가 끼다
- ③ 구름이 끼다
- ④ 날씨가 흐리다
- ⑤ 비/소나기/폭우가 오다/내리다
- ⑥ 비/소나기/폭우가 그치다
- ⑦ 눈/폭설이 오다/내리다
- ⑧ 눈/폭설이 그치다
- ⑨ 천둥이 치다
- ⑩ 번개가 치다
- ⑪ 바람이 불다
- ⑫ 강풍이 불다

02 여러분 고향의 날씨가 어때요? 보기 와 같이 말해 보세요.
How's the weather in your hometown? Speak as shown in the 보기 .

보기

가 가브리엘 씨 고향의 날씨가 어때요?
나 비가 와요.

V/A-ㅂ/습니다, V/A-ㅂ/습니까?

· 'V/A-ㅂ/습니다'는 동사나 형용사 뒤에 쓰며, 뉴스 보도나 수업 발표 등 공식적인 자리에서 격식을 차려 공손하게 말할 때 주로 사용해요. 동사나 형용사에 받침이 없거나 받침 'ㄹ'이 있으면 'V/A-ㅂ니다', 받침이 있으면 'V/A-습니다'를 사용해요.

'V/A-ㅂ/습니다' is used after verbs or adjectives to speak politely and formally in settings like news reports or class presentations. If the stem of a verb or an adjective has no final consonant or ends with 'ㄹ', use 'V/A-ㅂ니다'. If it has a final consonant, use 'V/A-습니다'.

· 격식을 차려 공손하게 물어볼 때에는 'V/A-ㅂ/습니까?'를 사용해요. 동사나 형용사에 받침이 없거나 받침 'ㄹ'이 있으면 'V/A-ㅂ니까?', 받침이 있으면 'V/A-습니까?'를 사용해요.

When politely asking a question in a formal manner, use 'V/A-ㅂ/습니까?'. If the stem of a verb or an adjective has no final consonant or ends with 'ㄹ', use 'V/A-ㅂ니까?'. If it has a final consonant, use 'V/A-습니까?'.

◀010

가   오늘 날씨가 **맑습니까?**

나   아니요, 흐리고 바람이 **붑니다**.

가   Is the weather clear today?
나   No, it's cloudy and windy.

● 보기 와 같이 'V/A-ㅂ/습니다, V/A-ㅂ/습니까?'를 사용해서 문장을 완성해 보세요.
   Complete the sentences using 'V/A-ㅂ/습니다, V/A-ㅂ/습니까?' as shown in the 보기 .

보기 오늘 날씨가 <u>어떻습니까?</u>   어떻다

1) 다말 씨가 책을 _____? 읽다   4) 지금 읽는 책이 _____? 재미있다

2) 친구가 입은 치마가 _____. 길다   5. 저기에 있는 아이가 _____.   예쁘다

3) 어제부터 하늘에 구름이 _____. 끼다   6) 가브리엘 씨는 내일 발표를 _____?   하다

● 그림을 보고 보기 와 같이 'V/A-ㅂ/습니다, V/A-ㅂ/습니까?'를 사용하여 친구와 이야기해 보세요.
   Look at the picture and talk to your friend using 'V/A-ㅂ/습니다, V/A-ㅂ/습니까?' as shown in the 보기 .

보기 잭하고 샤르마가 김밥을 <u>먹습니다.</u>

💬 새 어휘 및 표현 Words and Expressions ─────────────────────────────

   어떻다 how   하늘 sky   배드민턴을 치다 to play badminton

문법 2 Grammar 2 V/A-겠-(추측)

V/A-겠-(추측)

'V/A-겠-(추측)'은 동사나 형용사 뒤에 쓰여 어떤 상황에 대한 추측이나 미래에 대한 가능성을 말할 때 사용해요. 특히 말하는 사람이 확신을 가지고 있지는 않지만, 어떤 상황을 보고 생각하거나 느낄 때 사용해요.

'V/A-겠- (speculation)' is used after verbs or adjectives to express speculation about a situation or possibility in the future. Especially, it is used when the speaker thinks or feels under a certain situation although he or she is not convinced.

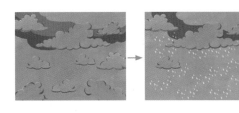

가 구름이 많고 날씨가 흐려요.

나 곧 비가 **내리겠어요.**

가 There are a lot of clouds, and the weather is cloudy.

나 It's going to rain soon.

✏️ 연습 Practice 1

● 보기 와 같이 'V/A-겠-'을 사용해서 문장을 완성해 보세요.

Complete the sentences using 'V/A-겠-' as shown in the 보기 .

| 보기 태풍이 불어요. 번개가 <u>치겠어요</u>. | 치다 |

1) 카나 씨가 선물을 받았어요. 기분이 _____.   좋다

2) 토요일이에요. 그래서 길이 막혀요. 약속에 _____.   늦다

3) 아이가 침대에 누웠어요. 곧 _____.   자다

4) 가 식당 앞에 줄을 선 사람들이 많아요.

　　나 이 식당의 음식이 _____.   맛있다

5) 가 주말 내내 아르바이트를 했어요.

　　나 너무 _____.   피곤하다

💬 새 어휘 및 표현 Words and Expressions _____

곧 soon　태풍 typhoon　선물 present　기분 feeling　길이 막히다 to get stuck in traffic　약속 appointment　늦다 to be late
침대 bed　눕다 to lie down　줄을 서다 to stand in line　내내 all day　피곤하다 to be tired

044　2단원 • 날씨

✎ 연습 Practice 2

● 보기 와 같이 'V/A-겠-'을 사용해서 친구와 이야기해 보세요.

Talk to your friend using 'V/A-겠-' as shown in the 보기 .

서울

보기

가 내일 서울 날씨가 어때요?

나 눈이 내리겠습니다.

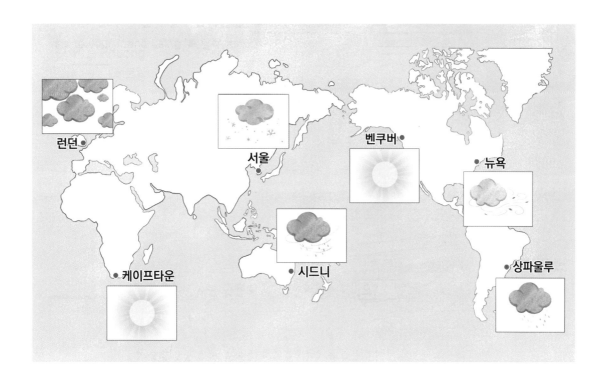

◀ 012

Sharma	Haolan, what are you doing now?
Haolan	Finally, I'm going to Jeju Island with Jack tomorrow. So I'm checking the weather forecast.
Sharma	Really? How is the weather like in Jeju Island tomorrow?
Haolan	Just a moment.
Weathercaster	Hello, this is weathercaster Jo Young-eun. It will be mostly sunny across the country tomorrow. However, Jeju Island will be rainy and windy from the morning.
Haolan	What should I do? The weather is bad in Jeju Island tomorrow.
Sharma	Then why don't you go on a trip somewhere else?
Haolan	I'm not sure yet.

샤르마	하오란 씨, 지금 뭐 해요?
하오란	내일 잭 씨하고 제주도에 가요. 그래서 일기예보를 검색하고 있어요.
샤르마	그래요? 내일 제주도 날씨가 어때요?
하오란	잠시만요.
기상 캐스터	안녕하세요. 기상 캐스터 조영은입니다. 내일은 전국이 대체로 맑겠습니다. 하지만 제주도는 아침부터 비가 오고 바람도 불겠습니다.
하오란	어떡해요? 제주도는 내일 날씨가 안 좋아요.
샤르마	그럼 다른 곳으로 여행가는 게 어때요?
하오란	아직 잘 모르겠어요.

📌 하나 더 Extra tips

• 'N입니다/N입니까?'는 명사 뒤에 쓰여 공식적인 자리에서 격식을 차려 공손하게 말할 때 주로 사용해요.
'N입니다/N입니까?' is used after a noun to speak politely and formally in a formal setting.

• 'V-는 게 어때요?'는 제안이나 권유의 표현으로 어떤 행동이나 선택을 추천하거나 상대방의 의견을 물을 때 사용해요.
'V-는 게 어때요?' is used to suggest or recommend a certain action or choice and to ask for the other person's opinion.

💬 새 어휘 및 표현 Words and Expressions

일기예보 weather forecast   기상 캐스터 weather caster   전국 nationwide   대체로 mostly   어떡해요? What should I do?
잘 well

● 앞의 대화를 참고하여 같은 색깔의 단어끼리 바꾸어 친구와 이야기해 보세요.
Refer to the conversation above and talk to your friend by changing the words presented in color.

1)

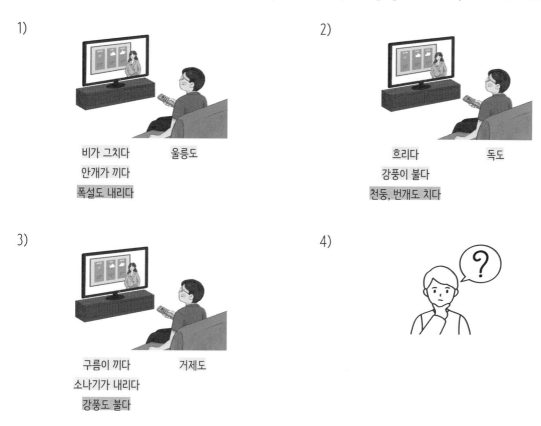

비가 그치다　　　울릉도
안개가 끼다
폭설도 내리다

2)

흐리다　　　　　독도
강풍이 불다
천둥, 번개도 치다

3)

구름이 끼다　　　거제도
소나기가 내리다
강풍도 불다

4)

4과

Chapter 4

이번 여름은 작년보다 더 더워요.

This summer is hotter than last year.

📖 **어휘** 계절
Seasons

📖 **문법 1** N은/는(대조)

📖 **문법 2** N보다(비교)

📖 **말하기** 좋아하는 계절 묻고 대답하기
Asking and answering about one's favorite season.

어휘 Vocabulary

01 여러분은 어느 계절을 좋아해요? 그 계절은 날씨가 어때요?
Which season do you like? How is the weather like in that season?

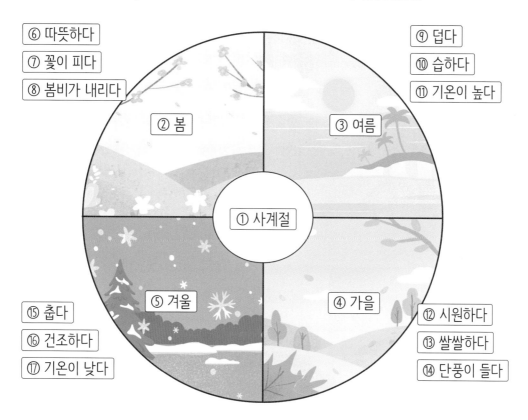

⑥ 따뜻하다
⑦ 꽃이 피다
⑧ 봄비가 내리다

② 봄

⑨ 덥다
⑩ 습하다
⑪ 기온이 높다

③ 여름

① 사계절

⑤ 겨울

④ 가을

⑮ 춥다
⑯ 건조하다
⑰ 기온이 낮다

⑫ 시원하다
⑬ 쌀쌀하다
⑭ 단풍이 들다

02 한국의 사계절은 날씨가 어때요? 보기 와 같이 말해 보세요.
What is the weather like in the four seasons of Korea? Speak as shown in the 보기 .

보기

가 한국의 여름 날씨가 어때요?

나 습하고 더워요.

문법 1 Grammar 1 N은/는(대조)

N은/는(대조)

· 'N은/는(대조)'는 두 가지 대상이나 주제를 대조하여 차이점이나 특성을 강조할 때 사용해요. 명사에 받침이 있을 때는 'N은', 받침이 없을 때는 'N는'을 사용해요.

'N은/는 (contrast)' is used to compare two subjects or topics, emphasizing their differences or characteristics. For words ending in a vowel, '는' is added, and for words ending in a consonant, '은' is added.

· 'N은/는'을 사용하여 대조를 나타낼 때에는 앞의 문장과 뒤의 문장을 'V/A-고'나 'V/A-지만'으로 연결해요. 또한 시간을 나타내는 명사 뒤에서는 'N에는'으로 사용해요.

When you use '은/는' to show contrast, connect the first and second sentences with 'V/A-고' or 'V/A-지만'. Also, after the nouns that represent time, use 'N에는'.

◀ 013

가　한국의 여름과 겨울 날씨는 어때요?

나　여름은 덥고 겨울은 추워요.

가　What is the weather like in summer and winter in Korea?
나　Summer is hot, and winter is cold.

✎ 연습 Practice 1

● 보기 와 같이 'N은/는'을 사용해서 문장을 완성해 보세요.

Complete the sentences using 'N은/는' as shown in the 보기 .

잭　　무하마드

보기
잭은 키가 작고 무하마드는 키가 커요.
잭은 키가 작지만 무하마드는 키가 커요.

마카우　　하준

1) 마카우 _____

　하준 _____ .

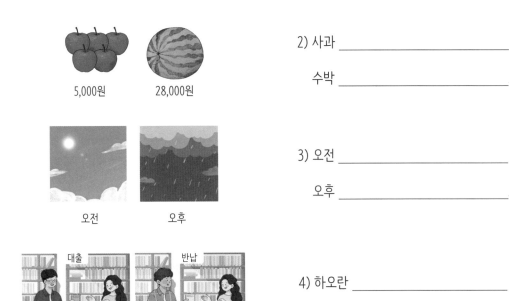

2) 사과 _____

  수박 _____.

3) 오전 _____

  오후 _____.

4) 하오란 _____

  무하마드 _____.

✏️ **연습 Practice 2**

● 보기 와 같이 'N은/는'을 사용해서 친구와 이야기해 보세요.
Talk to your friend using 'N은/는' as shown in the 보기 .

보기
가 한국 사람들은 냉면과 호떡을 보통 언제 먹어요?
나 냉면은 여름에 먹고 호떡은 겨울에 먹어요.
  냉면은 여름에 먹지만 호떡은 겨울에 먹어요.

1) 커피와 초콜릿의 맛이 어때요? 2) 두 사람이 사는 곳이 어디예요? 3) 제주도와 강원도의 날씨가 어때요?

💬 **새 어휘 및 표현** New vocabulary and expressions

사과 apple 수박 watermelon 오전 morning 오후 afternoon 보통 usually 맛 taste 쓰다 bitter 강원도 Gangwon State

문법 2 Grammar 2 N보다(비교)

N보다(비교)

'N보다(비교)'는 두 명사를 비교할 때 사용해요. 주로 'N보다 N이/가 더, N보다 N이/가 덜'의 형태로 사용해요.

'N보다(comparison)' is used to compare two nouns. It is commonly used in the forms 'N보다 N이/가 더(more)' or 'N보다 N이/가 덜(less)'.

어제

오늘

가 오늘 날씨가 어때요?
나 **어제보다** 더 더워요.

가 How is the weather today?
나 It's hotter than yesterday.

📝 연습 Practice 1

● 보기 와 같이 'N보다'를 사용해서 문장을 완성해 보세요.
Complete the sentences using 'N보다' as shown in the 보기 .

귤 〈 사과, 맛있다

보기
가을에는 <u>귤보다 사과가 더 맛있어요</u>.

중간고사 〈 기말고사, 쉽다

1) 이번 학기에는 _____.

비 오는 날 〈 눈 오는 날, 좋아하다

2) 저는 _____.

잭 〈 하오란, 잘생기다

3) 잭 _____.

💬 새 어휘 및 표현 Words and Expressions

귤 tangerine   날 day

유미 < 제시카, 빨리 달리다　　　　4) 유미 _____.

다말 < 샤르마, 많이 먹다　　　　5) 다말 _____.

✎ 연습 Practice 2

● 보기 와 같이 'N보다'를 사용해서 친구와 이야기해 보세요.
Talk to your friend using 'N보다' as shown in the 보기 .

1,200,000원　　2,490,000원

보기
휴대폰보다 컴퓨터가 더 비싸요.
컴퓨터가 휴대폰보다 더 비싸요.

1)

178cm　　185cm

2)

3)　　　87℃　　　98℃

💬 새 어휘 및 표현 Words and Expressions
빨리 fast　많이 a lot

◀015)

Kana	This summer is hotter than last year.
Muhammad	That's right. It's really hot this summer.
Kana	I don't like summer.
Muhammad	Me neither. By the way, Kana, what season do you like?
Kana	I like autumn the most when the cool breeze blows. What about you, Muhammad?
Muhammad	I like warm spring the most when pretty flowers bloom.
Kana	Oh, really? Then let's go on a trip together next spring.
Muhammad	Okay, good.

카나	이번 여름은 작년보다 덥네요.
무하마드	맞아요. 이번 여름은 진짜 더워요.
카나	저는 여름을 안 좋아해요.
무하마드	저도 그래요. 그런데 카나 씨는 무슨 계절을 좋아해요?
카나	저는 시원한 바람이 부는 가을을 제일 좋아해요. 무하마드 씨는요?
무하마드	저는 예쁜 꽃이 피는 따뜻한 봄을 가장 좋아해요.
카나	아, 그래요? 그럼 내년 봄에 우리 같이 여행 가요.
무하마드	네, 좋아요.

하나 더 Extra tips

- 'V/A-네요'는 동사나 형용사 뒤에 붙어서 놀람이나 감탄을 표현할 때 사용해요.
  'V/A-네요' is attached to verbs or adjectives to express surprise or admiration.

- '같이 V/A-아/어/해요'는 다른 사람과 함께 무엇을 하자고 요청하거나 제안할 때 사용해요.
  '같이 -아/어/해요' is used to ask or suggest something to do with someone else.

💬 **새 어휘 및 표현** Words and Expressions

내년 next year   제일/가장 the most   우리 we

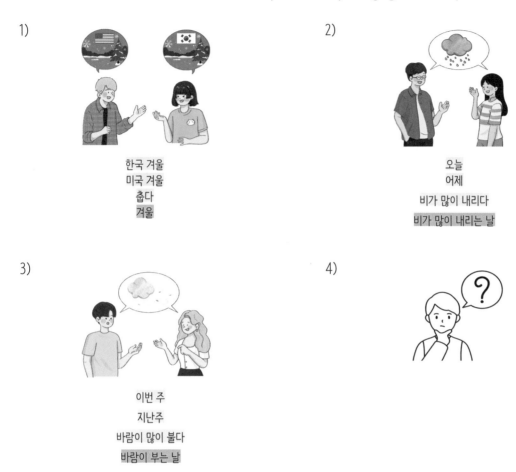

연습 Practice

● 앞의 대화를 참고하여 같은 색깔의 단어끼리 바꾸어 친구와 이야기해 보세요.

Refer to the conversation above and talk to your friend by changing the words presented in color.

1)

한국 겨울
미국 겨울
춥다
겨울

2)

오늘
어제
비가 많이 내리다
비가 많이 내리는 날

3)

이번 주
지난주
바람이 많이 불다
바람이 부는 날

4)

듣기 Listening

01 다음을 듣고 보기 에서 알맞은 것을 고르세요.
Listen to the following and choose the correct answer from the 보기 .　🔊016

1) (　　　　　　　)　　　　2) (　　　　　　)　　　　3) (　　　　　　)

보기

① 　② 　③ 　④ 　⑤

02 대화를 듣고 질문에 답하세요.
Listen to the dialogue and answer the questions.　🔊017

1) 무엇에 대해 이야기를 하고 있는지 쓰세요.
Write down what they are talking about.　

이번 주 ＿＿＿＿＿＿＿＿ 를 방송하고 있어요.

2) 다음을 읽고 맞는 것을 고르세요.
Read the following and choose the correct one.

① 주말에는 강풍이 불겠습니다.

② 수요일까지 날씨가 흐리겠습니다.

③ 이번 주는 대체로 날씨가 맑겠습니다.

④ 제주도는 월요일부터 금요일까지 눈이 많이 오겠습니다.

💬 새 어휘 및 표현 Words and Expressions

평일 weekday　특히 particularly　마치다 to end　방송하다 to broadcast

읽기 Reading

● 다음 이메일을 읽고 질문에 답하세요.

Read the following email and answer the questions.

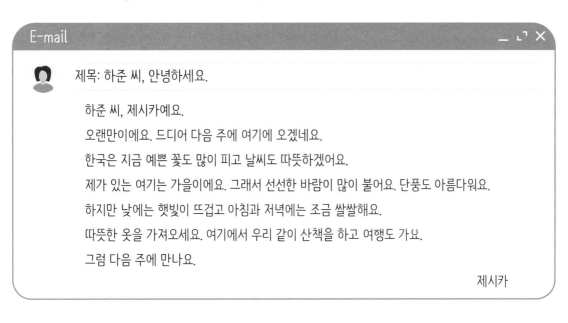

E-mail ─ ⌞⌝ ✕

제목: 하준 씨, 안녕하세요.

하준 씨, 제시카예요.
오랜만이에요. 드디어 다음 주에 여기에 오겠네요.
한국은 지금 예쁜 꽃도 많이 피고 날씨도 따뜻하겠어요.
제가 있는 여기는 가을이에요. 그래서 선선한 바람이 많이 불어요. 단풍도 아름다워요.
하지만 낮에는 햇빛이 뜨겁고 아침과 저녁에는 조금 쌀쌀해요.
따뜻한 옷을 가져오세요. 여기에서 우리 같이 산책을 하고 여행도 가요.
그럼 다음 주에 만나요.

제시카

01 지금 한국의 계절을 고르세요.
Choose the current season in Korea.

① 봄   ② 여름   ③ 가을   ④ 겨울

02 다음을 읽고 맞는 것에 'O', 틀린 것에 'X' 표시하세요.
Read the following and mark 'O' for the correct one and 'X' for the wrong one.

1) 제시카 씨는 내일 한국에 갑니다.   (   )

2) 한국의 날씨는 따뜻합니다. 그리고 꽃도 많이 핍니다.   (   )

3) 하준 씨는 다음 주에 제시카 씨가 있는 곳에 갑니다.   (   )

4) 두 사람은 다음 주에 같이 산책도 하고 여행도 합니다.   (   )

5) 제시카 씨가 있는 곳은 쌀쌀한 겨울입니다.   (   )

💬 새 어휘 및 표현 Words and Expressions ─────────────────────────

드디어 finally   가끔 sometimes   오랜만이에요. It's been a long time.   햇빛 sunshine   선선하다 cool   낮 daytime
두 사람 two people

01 60쪽의 어휘와 아래 문법을 사용하여 문장을 만들어 보세요.
Use the vocabulary from the page 60 and the grammar below to create sentences.

문법 Grammars	· V/A-ㅂ/습니다, V/A-ㅂ/습니까?	· V/A-겠-(추측)
	· N은/는(대조)	· N보다(비교)

1) _____.

2) _____.

3) _____.

4) _____.

02 위의 문법을 사용하여 보기 와 같이 자신이 좋아하는 계절에 대해 쓰세요.
Using the grammar above, write about your favorite season as shown in the 보기 .

보기

한국에는 봄, 여름, 가을, 겨울 사계절이 있습니다.
그중에서 저는 봄을 제일 좋아합니다. 봄은 겨울보다
덜 춥고, 여름보다 덜 덥습니다. 봄비가 내리지만
날씨가 따뜻합니다. 그리고 예쁜 꽃도 많이 핍니다.
그래서 저는 봄에 친구하고 자주 산책을 합니다. 그리고
꽃 사진을 자주 찍습니다. 그래서 저는 봄을 가장
좋아합니다.

💬 새 어휘 및 표현 Words and Expressions

그중 among them

너랑 나랑 Talk Talk

● 다음 대화를 제시된 문법의 색깔에 맞춰 한국어로 바꿔 쓰세요.

Write the following conversation into Korean based on the grammar as presented in color.

V/A-ㅂ/습니다, V/A-ㅂ/습니까?	V/A-겠-(추측)	N은/는(대조)	N보다(비교)

Here's the weather. It will be mostly sunny across the country today, but cloudy tomorrow. It will rain a lot across the country, but it will stop in the afternoon. However, it will snow in Jeju Island from the afternoon.

Muhammad, what are you doing now?

I'm going to Jeju Island tomorrow, so I'm checking the weather forecast.

What's the weather like tomorrow?

Tomorrow, it snows in Jeju Island from the afternoon.

I see. Then you will see snow tomorrow. By the way, are you going to Jeju Island in the cold winter?

Yes, I prefer the cold winter to the hot summer. What about you, Kana?

I like spring when pretty flowers bloom.

Oh, really? Then let's go on a trip together next spring.

Okay, good.

어휘 색인 Glossary

3과	4과
☐ 날씨가 맑다 clear weather	☐ 사계절 four seasons
☐ 안개가 끼다 foggy	☐ 봄 spring
☐ 구름이 끼다 cloudy	☐ 여름 summer
☐ 날씨가 흐리다 overcast weather	☐ 가을 autumn
☐ 비/소나기/폭우가 오다/내리다 to rain/to shower/heavy rain falls	☐ 겨울 winter
	☐ 따뜻하다 warm
☐ 비/소나기/폭우가 그치다 to rain/to shower/heavy rain stops	☐ 꽃이 피다 flowers bloom
	☐ 봄비가 내리다 spring rain falls
☐ 눈/폭설이 오다/내리다 to snow/heavy snow falls	☐ 덥다 hot
	☐ 습하다 humid
☐ 눈/폭설이 그치다 to snow/heavy snow stops	☐ 기온이 높다 high temperature
	☐ 시원하다 cool
☐ 천둥이 치다 thunder strikes	☐ 쌀쌀하다 chilly
☐ 번개가 치다 lightning strikes	☐ 단풍이 들다 leaves turn red/yellow
☐ 바람이 불다 wind blows	☐ 춥다 cold
☐ 강풍이 불다 strong wind blows	☐ 건조하다 dry
	☐ 기온이 낮다 low temperature

메모

3단원
UNIT 3

나랏말쓰미

듕귁에달아

문쭝와로서르

ᄉᆞᄆᆞᆺ디아니ᄒᆞᆯᄊᆡ

이런젼ᄎᆞ로

어린百姓이

니르고져호

배이셔도

ᄆᆞᄎᆞᆷ내제ᄠᅳ들시러펴디

몯홇노미하니라

대학 생활
University Life

5과

Chapter 5

교수님, 지금 시간 괜찮으세요?
Professor, are you free now?

01 여러분은 무슨 고민이 있어요? 그림을 보고 이야기해 보세요.
What are your concerns? Look at the picture and talk about them.

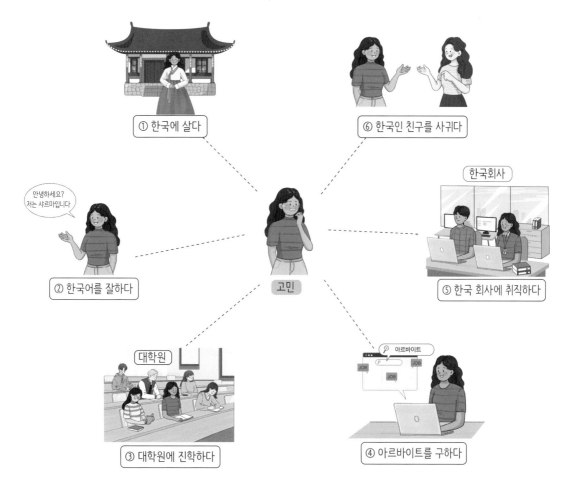

① 한국에 살다

⑥ 한국인 친구를 사귀다

안녕하세요?
저는 샤르마입니다

② 한국어를 잘하다

고민

한국회사

⑤ 한국 회사에 취직하다

대학원

③ 대학원에 진학하다

아르바이트

④ 아르바이트를 구하다

02 보기 와 같이 친구의 고민에 조언해 보세요.
Give advice to your friend about their concerns as shown in the 보기 .

안녕하세요?
저는 가브리엘이에요...

보기

가 한국어를 잘하고 싶어요.

나 한국 드라마를 보세요/한국인 친구를 사귀세요…

문법 1 Grammar 1 V/A-(으)시-

V/A-(으)시-

- 'V/A-(으)시-'는 말하는 사람보다 상대방이 나이가 많거나 사회적 지위가 높을 때, 혹은 모르는 사람일 때 사용해요. 동사, 형용사에 받침이 있으면 'V/A-으시-', 받침이 없거나 받침 'ㄹ'이 있으면 'V/A-시-'를 사용해요.

  'V/A-(으)시-' is used when the listener is older, has a higher social position, or is a stranger. Use 'V/A-으시-' if the verb or adjective ends in a consonant and 'V/A-시-' if it ends in a vowel or 'ㄹ'.

- 동사 '먹다, 마시다'의 경우에는 '드시다', '자다'의 경우에는 '주무시다', '있다'의 경우에는 '계시다'를 높임말로 사용해요.

  For the verbs '먹다' and '마시다,' use the honorific form '드시다'. For '자다', use '주무시다'. For '있다', use '계시다'.

◀ 018

가 교수님, 지금 시간 **괜찮으세요?**

나 네. 괜찮아요.

가 Professor, are you free now?

나 Yes, I am.

✎ 연습 Practice 1

● 보기 와 같이 'V/A-(으)시-'를 사용해서 문장을 완성해 보세요.

Complete the sentences using 'V/A-(으)시-' as shown in the 보기 .

| 보기 김승철 교수님은 한국어를 <u>가르치세요</u>. | 가르치다 |

1) 손님, 뭘 _____?   먹다

2) 사장님은 지금 휴대폰을 _____.   보다

3) 아버지는 은행에서 _____.   일하다

💬 새 어휘 및 표현 Words and Expressions

시간 time   손님 customer

4) 교수님은 어디에 _____?　　　　　　　　　　　　　　　　　　살다

5) 교수님은 지난 학기에도 한국어를 _____?　　　　　　　　　　가르치다

6) 어머니는 책을 _____.　　　　　　　　　　　　　　　　　　읽다

7) 제 부모님은 한국에 _____. 미국에 _____.　　없다 / 있다

✎ 연습 Practice 2

● 보기 와 같이 'V/A-(으)시-'를 사용해서 친구와 이야기해 보세요.
　 Talk with your friend using 'V/A-(으)시-' as shown in the 보기 .

> 보기
> 가　교수님, 점심에 뭐 드셨어요?
> 나　갈비탕 먹었어요. 다말 씨는 뭐 먹었어요?
> 가　저는 삼각김밥하고 컵라면 먹었어요.

1)

2)

3)

💬 새 어휘 및 표현 Words and Expressions
　어머니 mother

문법 2 Grammar 2 V-겠-(의지)

V-겠-(의지)

'V-겠-'은 말하는 사람이 자신의 의지를 나타낼 때 사용해요. 주어는 '저'나 '나', '우리'와 같은 1인칭으로만 사용해요. 보통 'V-겠습니다'의 형태로 격식이 있는 상황에서 사용하고, 비격식 상황에서는 'V-(으)ㄹ게요'의 형태를 사용해요.

'V-겠-' is used to express the speaker's intention or determination. The subject is limited to the first person, such as '저', '나', or '우리'. It is commonly used in the form 'V-겠습니다' in formal situations and 'V-(으)ㄹ게요' in informal situations.

◀019

가 다음 주에 중간고사가 있어요.
나 네, 열심히 **공부하겠습니다**.

가 There will be a midterm exam next week.
나 Yes, I will study hard.

◀020

가 누가 발표 자료를 만들 거예요?
나 제가 **만들게요**.

가 Who will prepare the presentation materials?
나 I'll make them.

● 보기 와 같이 'V-겠습니다'를 사용해서 문장을 완성해 보세요.
Complete the sentences using 'V-겠습니다' as shown in the 보기 .

보기

저는 이번 학기에 '한국어 1' 수업에서
A+를 <u>받겠습니다.</u>
받다

1) 저는 이번 학기에 도서관에서 매일
한국어를 _____.
공부하다

2) 저는 이번 학기에 주말 아르바이트를
_____.
하다

3) 저는 이번 학기에 수업 시간에 안
_____.
늦다

4) 저는 이번 학기에 한국인 친구를
_____.
사귀다

연습 Practice 2

● 보기 와 같이 'V-을게요'를 사용해서 친구와 이야기해 보세요.
Talk to your friend using 'V-을게요' as shown in the 보기 .

보기

가 누가 책을 읽을 거예요?
나 제가 <u>읽을게요</u>.

1)

2)

3)

▶ 021

Haolan	Professor, are you free now?
Professor	Yes, I am. What's the matter?
Haolan	I have a concern these days. I want to get a job at a Korean company after graduation, but I don't know how to do it.
Professor	Oh, I see. Which company do you want to work for?
Haolan	I'm not sure yet.
Professor	Then study Korean first. Korean proficiency is required in Korean companies.
Haolan	Yes, I understand. I will study Korean hard from today.

하오란	교수님, 지금 시간 괜찮으세요?
교수님	네. 괜찮아요. 무슨 일이에요?
하오란	요즘 고민이 있어요. **졸업한 후에** 한국 회사에 취직하고 싶어요. 하지만 방법을 잘 모르겠어요.
교수님	아, 그렇군요. 어느 **회사에 취직**하고 싶어요?
하오란	아직 잘 모르겠어요.
교수님	그럼 먼저 한국어를 공부하세요. **한국 회사에서는** 한국어 능력이 필요해요.
하오란	네. 알겠습니다. 오늘부터 열심히 한국어를 공부하겠습니다.

> **📌 하나 더 Extra tips**
>
> 'V-(으)ㄴ 후에'는 어떤 행동을 먼저 하고 나서 뒤에 다른 행동을 하는 것을 말해요. 명사와 함께 'N 후에'로도 사용해요.
>
> 'V-(으)ㄴ 후에' is used to indicate that one action happens first, followed by another. It can also be used as 'N 후에' with a noun.

💬 **새 어휘 및 표현 Words and Expressions**

일 matter   졸업하다 to graduate   방법 way   먼저 first   능력 ability, capability   필요하다 to need

연습 Practice

● 앞의 대화를 참고하여 같은 색깔의 단어끼리 바꾸어 친구와 이야기해 보세요.

Refer to the conversation above and talk to your friend by changing the words presented in color.

1)

졸업한 후에
한국에 살다

도시에 살다
한국

2)

대학원에 진학하다

대학원에 가다
한국 대학원

3)

식당 아르바이트를
구하다

곳에서 일하다
한국 식당

4)

?

메모

6과

Chapter 6

저는 요리하는 것을 좋아해요.

I love cooking.

📖 **어휘** 취미
Hobby

📖 **문법 1** V-는 것

📖 **문법 2** V-(으)ㄹ 수 있다/없다

📖 **말하기** 취미 묻고 대답하기
Asking and answering about hobbies.

01 여러분은 뭐 하는 것을 좋아해요? 그림을 보고 이야기해 보세요.
What do you like to do? Look at the picture and talk about it.

① 게임을 하다
② 자전거를 타다
③ 달리다/뛰다
④ 음악을 듣다
⑤ 춤을 추다
⑥ 그림을 그리다
⑦ 노래를 부르다
⑧ 집에서 쉬다

02 보기 와 같이 주말에 무엇을 하는지 친구와 이야기해 보세요.
Talk to your friend about what you do on weekends, as shown in the 보기 .

보기
가　주말에 뭐 해요?
나　공원에서 자전거를 타요.

V-는 것

'V-는 것'은 동사와 함께 사용해 명사 역할을 해요. 말할 때는 주로 'V-는 것을'을 줄인 형태인 'V-는 걸'로 사용해요.

'V-는 것' is used with a verb to function as a noun. When speaking, it is often shortened to 'V-는 걸'.

◀022

가 저는 **요리하는 것**을 좋아해요. 다말 씨는요?

나 저는 유튜브를 **보는 걸** 좋아해요.

가 I love cooking.

나 I like to watch YouTube.

✎ 연습 Practice 1

● 보기 와 같이 'V-는 것'을 사용해서 문장을 완성해 보세요.
  Complete the sentences using 'V-는 것' as shown in the 보기 .

| 보기 저는 음악을 <u>듣는 것</u>을 좋아해요. | 듣다 |

1) 하준 씨는 공원에서 _____ 좋아해요.   산책하다

2) 샤르마 씨는 쉬는 시간에 휴대폰 게임을 _____ 좋아해요.   하다

3) 가브리엘 씨는 책을 _____ 안 좋아해요.   읽다

💬 **새 어휘 및 표현** Words and Expressions
  공원 park   쉬는 시간 break

4) 다말 씨는 _____ 안 좋아해요.   달리다

5) 저는 김밥을 _____ 잘해요.   만들다

6) 제 친구는 춤을 _____ 못해요.   추다

✏️ 연습 Practice 2

● 보기 와 같이 'V-는 걸'을 사용해서 친구와 이야기해 보세요.
　Talk to your friend using 'V-는 걸' as shown in the 보기 .

무하마드　제시카

보기

가　무하마드 씨는 주말에 뭐 <u>하는 걸</u> 좋아해요?

나　저는 집에서 넷플릭스를 <u>보는 걸</u> 좋아해요. 제시카 씨는요?

가　저는 자전거를 <u>타는 걸</u> 좋아해요.

1)　　　　잭　　　　프엉

2)　　　　마카우　　카나

3)

🗨 새 어휘 및 표현 Words and Expressions

못하다 to be bad at something

문법 2 Grammar 2 V-(으)ㄹ 수 있다/없다

-(으)ㄹ 수 있다/없다

'V-(으)ㄹ 수 있다'는 어떤 일을 할 능력이 있거나 어떤 일이 일어날 가능성이 있을 때 사용해요. 'V-(으)ㄹ 수 없다'는 반대 표현으로 능력이 없거나 가능성이 없을 때 사용해요. 동사에 받침이 있으면 'V-을 수 있다/없다'를 사용하고, 받침이 없거나 받침 'ㄹ'이 있으면 'V-ㄹ 수 있다/없다'를 사용해요.

'V-(으)ㄹ 수 있다' is used when you have the ability to do something or there is a possibility that something will happen. 'V-(으)ㄹ 수 없다' is its opposite, expressing inability or impossibility. Use 'V-을 수 있다/없다' if the verb stem ends in a consonant, and 'V-ㄹ 수 있다/없다' if it ends in a vowel or 'ㄹ'.

가 다말 씨는 자전거를 **탈 수 있어요**?
나 네, **탈 수 있어요**. 잭 씨는요?
가 저는 **탈 수 없어요**.

가 Damal, can you ride a bike?
나 Yes, I can. What about you, Jack?
가 I can't.

연습 Practice 1

● 보기 와 같이 'V-(으)ㄹ 수 있다/없다'를 사용해서 문장을 완성해 보세요.
Complete the sentences using 'V-(으)ㄹ 수 있다/없다' as shown in the 보기 .

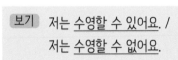
보기 저는 <u>수영할 수 있어요</u>. /
    저는 <u>수영할 수 없어요</u>.

1) 저는 한국 음식을 ＿＿＿＿＿＿.

2) 저는 매운 음식을 ＿＿＿＿＿＿.

3) 저는 운전을 _____.

4) 저는 피아노를 _____.

✍️ 연습 Practice 2

● 보기 와 같이 'V-(으)ㄹ 수 있다/없다'를 사용해서 친구와 이야기해 보세요.
Talk to your friend using 'V-(으)ㄹ 수 있다/없다' as shown in the 보기 .

외국어

보기

가 외국어를 할 수 있어요?
나 네, 할 수 있어요. / 아니요. 할 수 없어요.

1)

유튜브 동영상

2)

한국어로 주문

3)

💬 새 어휘 및 표현 Words and Expressions

운전을 하다 to drive   피아노를 치다 to play the piano   동영상 video   주문 order

◀ 024

Jack	Yumi, what do you usually do on weekends?
Yumi	I like to ride a bike, so I go to the park every weekend. What about you, Jack?
Jack	I like to relax at home. I don't like to go outside.
Yumi	Oh, I see. Then do you like watching YouTube?
Jack	Yes. Actually, I like making YouTube videos rather than watching them.
Yumi	Oh, really? What kind of YouTube videos do you make?
Jack	It's Korean food YouTube. I like to cook Korean food.
Yumi	I also like Korean food, but I can't cook it. Please teach me how to cook Korean food next time.
Jack	Yes, I see. Come to my house next time.

잭	유미 씨는 주말에 보통 뭐 해요?
유미	저는 자전거를 타는 걸 좋아해요. 그래서 주말마다 공원에 가요. 잭 씨는요?
잭	저는 집에서 쉬는 걸 좋아해요. 밖에 나가는 것을 안 좋아해요.
유미	아, 그렇군요. 그럼 유튜브를 보는 걸 좋아해요?
잭	네. 사실은 유튜브를 보는 것보다 만드는 걸 좋아해요.
유미	아, 그래요? 무슨 유튜브 동영상을 만들어요?
잭	한국 음식 유튜브예요. 제가 한국 음식을 만드는 걸 좋아해요.
유미	저도 한국 음식을 좋아하지만 만들 수 없어요. 다음에 한국 음식 만드는 걸 가르쳐 주세요.
잭	네, 알겠어요. 다음에 우리 집에 오세요.

> **하나 더 Extra tips**
>
> 'N마다'는 명사 뒤에 사용해 그 명사가 빠지지 않고 모두라는 뜻이에요.
> 'N마다' is used after a noun to indicate that all or every instance of the noun is included

💬 **새 어휘 및 표현** Words and Expressions

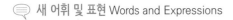

나가다 to go out   사실은 actually

● 앞의 대화를 참고하여 같은 색깔의 단어끼리 바꾸어 친구와 이야기해 보세요.

Refer to the conversation above and talk to your friend by changing the words presented in color.

1)
산책하다
공원
피아노
피아노를 치다

2)
달리다
운동장
K-Pop
한국 노래를 부르다

3)
운동하다
헬스장
기타
기타를 치다

4)

01 다음을 듣고 보기 에서 알맞은 것을 고르세요.
Listen to the following and choose the correct answer from the 보기. ◀ 025

1) (   )   2) (   )   3) (   )

다말   잭   샤르마

보기

①   ②   ③

④   ⑤   ⑥

02 다음을 듣고 질문에 답하세요.
Listen to the following and answer the questions. 🔊 026

1) 이 사람의 고민은 뭐예요?
What is this person concerned about?

① 한국에 살고 싶어요.　　　　　　　　② 한국어가 어려워요.

③ 한국 생활이 힘들어요.　　　　　　　④ 한국인 친구를 사귀고 싶어요.

2) 이 사람의 이야기를 듣고 맞는 것을 고르세요.
Listen to this person's story and choose the correct answer.

① 남자는 포르투갈 사람이에요.

② 한국인 친구를 사귀는 것은 어려워요.

③ 남자는 다음 주에 교수님을 만날 거예요.

④ 남자는 동아리에서 한국어를 배울 거예요.

💬 **새 어휘 및 표현** Words and Expressions

계속 to keep on　　포르투갈어 Portugese　　다르다 different　　권하다 to recommend

● 다음 메시지를 읽고 질문에 답하세요.
Read the following message and answer the questions.

메시지	이메일

받은 메시지   보낸 메시지   메시지 쓰기

제목	고민이 있어요.
보낸 사람	제시카
보낸 시간	04.15, 20:18

교수님, 안녕하세요? 저는 '한국어 2' 수업을 듣고 있는 제시카입니다.
저는 올해 대학교를 졸업한 후에 내년에 대학원에 진학하고 싶습니다.
대학원에서 TOPIK 5급이 필요합니다. 그런데 저는 지금 TOPIK 3급이 있습니다.
그래서 TOPIK 5급을 따고 싶습니다. 방법을 좀 가르쳐 주세요.
답장을 기다리겠습니다. 감사합니다.

전달   답장   삭제   목록

01 제시카 씨는 왜 메시지를 썼어요?
Why did Jessica write this message?

① 대학원에 가고 싶어요.   ② 대학교를 졸업하고 싶어요.
③ TOPIK 급수가 필요해요.   ④ 한국어 2 성적이 필요해요.

02 다음을 읽고 맞는 것에 'O', 틀린 것에 'X' 표시하세요.
Read the following and mark 'O' for correct and 'X' for incorrect.

1) 교수님이 제시카 씨에게 메시지를 보냈어요.   (   )
2) 제시카 씨는 TOPIK 5급이 없어요.   (   )
3) 제시카 씨는 답장을 받았어요.   (   )

💬 새 어휘 및 표현 Words and Expressions _____

올해 this year   TOPIK Test of Proficiency In Korean   급 level   답장 reply   기다리다 to wait   에게 to someone   메시지 message
보내다 to send   급수 rate, grade, level

01 87쪽의 어휘와 아래 문법을 사용하여 문장을 만들어 보세요.
Use the vocabulary from the page 87 and the grammar below to create sentences.

문법 Grammars	· V/A-(으)시-	· V-겠-(의지)
	· V-는 것	· V-(으)ㄹ 수 있다/없다

1) _____.

2) _____.

3) _____.

4) _____.

02 위의 문법을 사용하여 보기 와 같이 여러분이 배우고 싶은 것에 대해 쓰세요.
Using the grammar above, write about what you want to learn as shown in the 보기 .

보기
저는 한국 요리를 배우고 싶어요. 요리하는 것을 좋아
하지만 한국 음식은 만들 수 없어요. 제 어머니도 한국
음식을 좋아하세요. 하지만 한국 음식을 만드실 수
없어요. 요즘 유튜브에 한국 음식 동영상이 많아요.
그래서 저하고 어머니는 동영상을 보고 한국 음식을
배울 거예요.

너랑 나랑 Talk Talk

● 다음 대화를 제시된 문법의 색깔에 맞춰 한국어로 바꿔 쓰세요.
  Write the following conversation into Korean based on the grammar as presented in color.

| V/A-(으)시- | V-겠-(의지) | V-는 것 | V-(으)ㄹ 수 있다/없다 |

Professor, are you free now?

Yes, I am. What's the matter?

I have a concern these days. I want to get a job at a Korean company after graduation, but I don't know how to do it.

Oh, I see. Which company do you want to work for?

I'm not sure yet.

What do you usually like to do?

I'm good at cooking, so I like to make food videos.

Then study cooking at a culinary school and get a job at a Korean company.

Yes, I see. I will study cooking hard from today.

5과

- ☐ 고민 concern
- ☐ 한국에 살다 to live in Korea
- ☐ 한국어를 잘하다 to be good at Korean
- ☐ 대학원에 진학하다 to enter graduate school
- ☐ 아르바이트를 구하다 to find a part-time job
- ☐ 한국 회사에 취직하다
  to get a job at a Korean company
- ☐ 한국인 친구를 사귀다
  to make Korean friends

6과

- ☐ 게임을 하다 to play a game
- ☐ 자전거를 타다 to ride a bike
- ☐ 달리다/뛰다 to run
- ☐ 음악을 듣다 to listen to music
- ☐ 춤을 추다 to dance
- ☐ 그림을 그리다 to draw a picture
- ☐ 노래를 부르다 to sing a song
- ☐ 집에서 쉬다 to rest at home

4단원

UNIT 4

나랏말쌈이 듕귁에 달아 문쯩와로 서르 소못디 아니홀쎄

이런 젼ᄎᆞ로 어린 빅셩이 니르고져 홀 배 이셔도

건강

Health

7 과

Chapter 7

감기에 걸려서 콧물이 나요.

I have a runny nose because I caught a cold.

어휘 Vocabulary

01 그림을 보고 몸이 아플 때 나타나는 증상을 말해 보세요.
Look at the picture and describe the symptoms that appear when you are sick.

① 몸살이 나다　④ 기침을 하다
② 감기에 걸리다　⑤ 콧물이 나다　⑦ 소화가 안되다　⑨ 배탈이 나다
③ 열이 나다　⑥ 코가 막히다　⑧ 체하다　⑩ 설사를 하다

⑪ 목이 붓다　⑫ 토하다

02 보기 와 같이 감기에 걸렸을 때 증상을 이야기해 보세요.
Talk about your symptoms when you have a cold, as shown in the 보기 .

보기
가 프엉 씨, 무슨 일 있어요?
나 네. 감기에 걸렸어요. 그래서 코가 막혔어요.

V/A-아/어/해서

- 'V/A-아/어/해서'는 동사나 형용사 뒤에 붙어 이유를 말할 때 사용해요. 앞 문장은 이유나 원인을, 뒤 문장은 그에 대한 결과나 영향을 나타내요. 동사와 형용사 어간이 'ㅏ, ㅗ'로 끝나면 'V/A-아서'를, '-하다'로 끝나면 'V/A-해서'를, 'ㅓ, ㅜ, ㅡ, ㅣ …' 등 그 외 모음으로 끝나면 'V/A-어서'를 사용해요.

  'V/A-아/어/해서' is attached to a verb or an adjective to express a reason. The first sentence provides the cause, and the second sentence describes the result or effect. If the verb/adjective stem ends in 'ㅏ' or 'ㅗ', use 'V/A-아서'. If it ends in '하다,' use 'V/A-해서'. If it ends in a vowel other than 'ㅏ' or 'ㅗ', use 'V/A-어서'.

- '그래서'와 같은 뜻인데, '그래서'는 문장과 문장을 연결하고, 'V/A-아/어/해서'는 '동사/형용사'와 '동사/형용사'를 연결해요.

  It has the same meaning as '그래서', but '그래서' connects sentences, while 'V/A-아/어/해서' connects verbs or adjectives.

- 과거 시제를 나타낼 때는 'V/A-았/었/했어서-'로 사용하지 않고, 'V/A-아/어/해서' 뒤 문장에 과거 시제를 사용해요.

  To indicate past tense, use the past tense in the following sentence instead of using 'V/A-았/었/했어서'.

◀ 027

가 카나 씨, 어디가 아파요?

나 감기에 **걸려서** 콧물이 나요.

가 Kana, do you feel unwell?

나 I have a runny nose because I caught a cold.

하나 더 Extra tips

'ㅡ 탈락'은 모음 'ㅡ'로 끝나는 동사나 형용사 뒤에 모음으로 시작하는 어미가 오면 'ㅡ'가 탈락하는 현상이에요. '고프다 → 고파요', '예쁘다 → 예뻐요'처럼 'ㅡ'가 탈락된 후 'ㅡ' 앞의 모음이 'ㅏ, ㅗ'면 '아'로, 그 외 모음이면 '어'로 시작하는 모음을 사용해요.

For verb and adjective stems that end in 'ㅡ', 'ㅡ' is omitted without exception when adding an ending that begins with '아/어.' Then, the vowel that preceded 'ㅡ'determines whether '아' or '어' is used in the ending. That is, when the vowel is 'ㅏ' or 'ㅗ', 'ㅏ' is used, otherwise 'ㅓ' is used. In the case of single syllable stems in which 'ㅡ' is the only vowel, 'ㅓ' is added after 'ㅡ' is omitted. For example: 고프다 → 고파요 (hungry) 예쁘다 → 예뻐요(pretty)

💬 **새 어휘 및 표현** Words and Expressions

아프다 sick

✏️ 연습 Practice 1

● 보기 와 같이 'V/A-아/어/해서'를 사용해서 문장을 완성해 보세요.

Complete the sentences using 'V/A-아/어/해서' as shown in the 보기 .

> 보기 어제 늦게 <u>잤어요. 그래서</u> 피곤하네요. → 어제 늦게 <u>자서</u> 피곤하네요.

1) 배가 <u>고파요. 그래서</u> 밥을 먹었어요. → 배가 _____ 밥을 먹었어요.

2) 소나기가 <u>내려요. 그래서</u> 우산을 썼어요. → 소나기가 _____ 우산을 썼어요.

3) 날씨가 <u>추워요. 그래서</u> 요즘 운동을 안 해요. → 날씨가 _____ 요즘 운동을 안 해요.

4) 도서관에 <u>앉을 자리가 없어요. 그래서</u> 일찍 왔어요. → 도서관에 _____ 일찍 왔어요.

5) 한국어를 <u>배우고 싶어요. 그래서</u> 한국에 왔어요. → 한국어를 _____ 한국에 왔어요.

6) 아이스크림을 많이 <u>먹었어요. 그래서</u> 배탈이 났어요. → 아이스크림을 많이 _____ 배탈이 났어요.

✏️ 연습 Practice 2

● 보기 와 같이 'V/A-아/어/해서'를 사용해서 친구와 이야기해 보세요.

Talk to your friend using 'V/A-아/어/해서' as shown in the 보기 .

잭

> **보기**
>
> 가 잭 씨, 왜 수업에 늦었어요?
> 나 늦잠을 <u>자서</u> 늦었어요.

1)

하오란

2)

프엉

3)

💬 새 어휘 및 표현 Words and Expressions

늦게 late   고프다 hungry   우산을 쓰다 to use an umbrella   일찍 early   앉다 to sit   자리 seat   늦잠을 자다 to oversleep

ㅅ 불규칙

· '‍ㅅ 불규칙'은 'ㅅ' 받침으로 끝나는 동사 뒤에 모음으로 시작하는 어미가 올 때, 'ㅅ'이 탈락하는 현상을 말해요.

'ㅅ irregular' occurs when a verb stem ends in 'ㅅ', the 'ㅅ' is dropped before a vowel.

· '벗다, 씻다, 웃다, 빗다' 등의 동사는 'ㅅ 불규칙'에 해당하지 않아요.

Verbs like '벗다 (to take off)', '씻다 (to wash)', '웃다 (to laugh)' and '빗다 (to comb)' do not follow this irregular rule.

◀028

가 어디가 아프세요?

나 기침을 많이 해서 목이 **부었어요**.

가 Do you feel unwell?

나 My throat is swollen because I coughed a lot.

✏️ 연습 Practice 1

● 보기 와 같이 'V/A-아/어요'로 바꿔 쓰세요.

Rewrite the sentences using 'V/A-아/어요' as shown in the 보기 .

보기 낫다 + 아/어요 → 나아요

1) 짓다 →   2) 벗다 →

3) 잇다 →   4) 웃다 →

5) 긋다 →   6) 씻다 →

7) 젓다 →   8) 빗다 →

✏️ 연습 Practice 2

● 보기 와 같이 'ㅅ 불규칙'을 사용해서 친구와 이야기해 보세요.

Talk to your friend using the 'ㅅ irregular' rule as shown in the 보기 .

보기

가   프엉 씨, 뭐 해요?

나   모르는 단어에 밑줄을 <u>그어요</u>.

1)

2)

3)

💬 새 어휘 및 표현 Words and Expressions ──────────────────

낫다 to recover, be better   짓다 to make, build   잇다 to connect   긋다 to draw a line   젓다 to stir   벗다 to take off

웃다 to laugh, to smile   씻다 to wash   빗다 to comb   모르다 to not know   단어 word   밑줄 underline

말하기 Speaking

◀ 029

Hajun	Kana, why didn't you go to school yesterday?
Kana	I didn't go because I caught a cold.
Hajun	Are you okay now?
Kana	No, I still have a runny nose and a fever.
Hajun	It must be very hard.
Kana	Yes, I have a cold, so I don't even have an appetite.
Hajun	Did you take medicine?
Kana	Yes, I took medicine but it's not getting better. So I'm going to the hospital later in the afternoon.

하준　　카나 씨, 어제 학교에 왜 안 왔어요?

카나　　감기에 걸려서 안 갔어요.

하준　　지금은 괜찮아요?

카나　　아니요, 계속 콧물이 나고 열도 나요.

하준　　많이 힘들겠어요.

카나　　네. 감기에 걸려서 입맛도 없어요.

하준　　약은 먹었어요?

카나　　네. 약을 먹었지만 안 낫네요. 그래서 이따 오후에 병원에 갈 거예요.

💬 **새 어휘 및 표현** Words and Expressions

입맛이 없다 to have no appetite　약 medicine　이따 later　병원 hospital, clinic

● 앞의 대화를 참고하여 같은 색깔의 단어끼리 바꾸어 친구와 이야기해 보세요.

Refer to the conversation above and talk to your friend by changing the words presented in color.

1)

회사
몸살이 나다
머리가 아프다
근육통도 있다

2)

동아리방
체하다
토하다
미열도 있다

3)

생일 파티
배탈이 나다
설사를 하다
식은땀도 나다

4)

🗨 새 어휘 및 표현 Words and Expressions

머리 head   근육통 muscle pain   미열 slight fever   식은땀 cold sweat

8과
Chapter 8

아프면 참지 말고 약을 드세요.
If you feel sick, don't hold back and take the medicine.

098

● 여기는 병원입니다. 아래 그림을 보고 사람들이 어디가 아픈지 이야기해 보세요.

This is a hospital. Look at the picture below and talk about where it hurts.

⑧ 어깨가 걸리다

⑨ 피가 나다

⑩ 어지럽다

⑥ 잇몸이 붓다

⑦ 이가 아프다

① 입원하다

③ 깁스를 하다

④ 팔을 다치다

② 퇴원하다

⑤ 다리를 다치다

V/A-(으)면

'V/A-(으)면'은 조건이나 가정을 나타낼 때 사용해요. 동사, 형용사에 받침이 있으면 'V/A-으면', 받침이 없거나 받침 'ㄹ'이 있으면 'V/A-면'을 사용해요.

'V/A-(으)면' is used to express conditions or assumptions. Use 'V/A-으면' if the verb or adjective ends in a consonant, and use 'V/A-면' if it ends in a vowel or 'ㄹ'.

◀ 030

가 이가 **아프면** 치과에 가세요.
나 네, 알겠어요.

가 If your tooth hurts, go to the dentist.
나 Yes, I will.

✎ 연습 Practice 1

● 보기 와 같이 'V/A-(으)면'을 사용해서 문장을 완성해 보세요.
Complete the sentences using 'V/A-(으)면' as shown in the 보기 .

| 보기 한국에 <u>도착하면</u> 전화하세요. | 도착하다 |

1) 저는 머리가 _____ 잠을 자요.   아프다

2) 내일 날씨가 _____ 집에 있을 거예요.   춥다

3) 새로 산 옷이 _____ 좀 더 큰 걸로 바꿀 수 있어요?   작다

💬 새 어휘 및 표현 Words and Expressions _____

치과 dental clinic   잠을 자다 to sleep   전화하다 to call   바꾸다 to change

4) 김치찌개를 _____ 같이 드시겠어요?   만들다

5) 단 음식을 많이 _____ 살이 찔 수 있어요.   먹다

✏️ 연습 Practice 2

● 보기 와 같이 'V/A-(으)면'을 사용해서 친구와 이야기해 보세요.
   Talk to your friend using 'V/A-(으)면' as shown in the 보기 .

보기
비가 <u>오면</u> 커피숍에서 커피를 마실 거예요.

1)

2)

3)

💬 새 어휘 및 표현 Words and Expressions
   살이 찌다 to gain weight

V-지 말다

'V-지 말다'는 동사 뒤에 붙어서 다른 사람에게 어떤 일이나 행동을 하지 못하게 할 때 사용해요. 주로 'V-지 말고'나 'V-지 마세요' 형태로 사용해요.

'V-지 말다' is attached to a verb stem to instruct someone not to do something. It is commonly used in the forms 'V-지 말고' or 'V-지 마세요'.

031

가 도서관에서는 **떠들지 말고** 조용히 하세요.
나 네, 알겠습니다.

가 Don't make noise in the library and be quiet.
나 Yes, I see.

032

가 강의실에서 음식물을 **먹지 마세요.**
나 네, 알겠습니다.

가 Don't eat food in the lecture room.
나 Yes, I see.

💬 **새 어휘 및 표현** Words and Expressions

떠들다 to make noise   조용히 quietly   음식물 food

● 보기 와 같이 'V-지 말고'를 사용해서 문장을 완성해 보세요.
　Complete the sentences using 'V-지 말고' as shown in the 보기 .

보기　오늘은 요리를 <u>하지 말고</u> 밖에서 먹는 게 어때요?　　　　　　하다

1) 밖에 _____ 집에서 쉬세요.　　　　　　　　　　나가다

2) 수업에 _____ 일찍 오세요.　　　　　　　　　　지각하다

3) 혼자 _____ 친구와 같이 먹으세요.　　　　　　　먹다

4) 책을 _____ 사는 게 어때요?　　　　　　　　　　빌리다

5) 친구와 _____ 발표를 준비하세요.　　　　　　　놀다

✏️ 연습 Practice 2

● 보기 와 같이 'V-지 마세요'를 사용해서 친구와 이야기해 보세요.
　Talk to your friend using 'V-지 마세요' as shown in the 보기 .

보기
여기에서 담배를 <u>피우지 마세요.</u>

1) 　　2) 　　3)

💬 새 어휘 및 표현 Words and Expressions _____

혼자 alone　　지각하다 to be late　　담배를 피우다 to smoke

(◀033)

Doctor	What brings you here?
Gabriel	I came because my tooth hurt.
Doctor	When did it start hurting?
Gabriel	Since the day before yesterday. My gums are swollen, and bleeding too.
Doctor	Did you take any medicine?
Gabriel	No, I kept enduring it.
Doctor	If you feel pain, don't endure it and make sure to take the medicine.
Gabriel	Yes, I see.

의사	어떻게 오셨어요?
가브리엘	이가 아파서 왔어요.
의사	언제부터 아프셨어요?
가브리엘	그저께부터요. 잇몸이 붓고 피도 나요.
의사	약은 드셨어요?
가브리엘	아니요. 계속 참았어요.
의사	아프면 참지 말고 약을 꼭 드세요.
가브리엘	네, 알겠습니다.

> ### 하나 더 Extra tips
>
> '어떻게 오셨어요?'는 상대방에게 방문한 이유나 목적을 알아볼 때 사용해요. 병원이나 공공 기관에서 방문 목적을 물을 때 주로 사용해요.
>
> '어떻게 오셨어요?' is used to ask the reason or purpose of someone's visit. It is usually used in hospitals and public institutions to ask for the purpose of the visit.

💬 **새 어휘 및 표현** Words and Expressions

그저께 the day before yesterday

연습 Practice

● 앞의 대화를 참고하여 같은 색깔의 단어끼리 바꾸어 친구와 이야기해 보세요.

Refer to the conversation above and talk to your friend by changing the words presented in color.

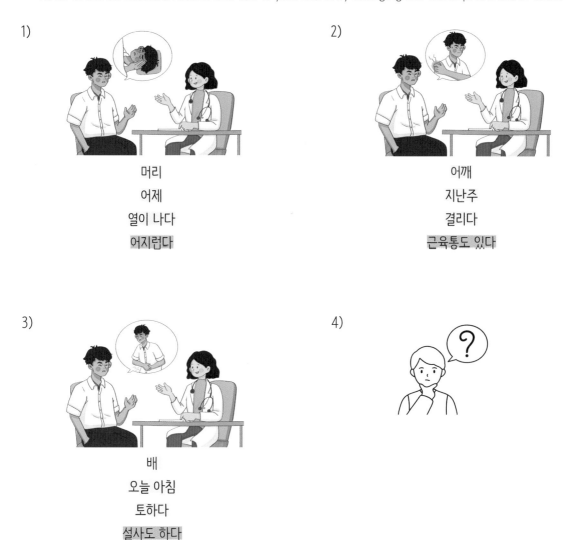

1)

머리
어제
열이 나다
어지럽다

2)

어깨
지난주
결리다
근육통도 있다

3)

배
오늘 아침
토하다
설사도 하다

4)

01 다음을 듣고 보기 에서 알맞은 것을 고르세요.
Listen to the following and choose the correct answer from the 보기 . 🔊 034

1) (   )   2) (   )   3) (   )

①   ②   ③   ④    ⑤

02 대화를 듣고 질문에 답하세요.
Listen to the dialogue and answer the questions. 🔊 035

1) 이 사람은 어디가 불편해요?
Where does this person feel discomfort?

_____.

2) 다음을 읽고 맞는 것을 고르세요.
Read the following and choose the right one.

① 여자는 지난주에 병원에 갔어요.

② 남자는 부드러운 음식을 먹었어요.

③ 여자는 요즘 스트레스를 받고 있어요.

④ 남자는 지난주부터 몸이 안 좋았어요.

💬 **새 어휘 및 표현** Words and Expressions _____

푹 쉬다 to take a good rest   부드럽다 soft   스트레스를 받다 to stress out

01 다음을 읽고 **틀린** 것을 고르세요.
Read the following and choose the underlined incorrect statement.

1)
① 감기는 다 <u>낫았어요</u>.
② 다말은 울고 잭은 <u>웃어요</u>.
③ 제 이름은 아버지가 <u>지었어요</u>.
④ 어제 많이 울어서 눈이 <u>부었어요</u>.

2)
① <u>바쁘면</u> 내일 만나요.
② 이 옷이 마음에 <u>들으면</u> 사세요.
③ 한국어가 <u>어려우면</u> 더 열심히 공부하세요.
④ 이 신발이 <u>작으면</u> 저 신발을 신으세요.

02 다음을 읽고 맞는 것에 'O', 틀린 것에 'X' 표시하세요.
Read the following and mark 'O' for correct and 'X' for incorrect.

마카우

마카우
저는 지금 병원이에요. 다리를 다쳐서 병원에 입원했어요.
많이 아파서 울고 싶지만 참고 있어요.

카나
괜찮아요? 언제 퇴원해요? 퇴원하면 같이 밥 먹어요.

마카우
좋아요! 다음 주에 퇴원하면 만나요.

1) 마카우 씨는 다리를 다쳐서 병원에 있어요.　　(　)

2) 마카우 씨는 다리가 아파서 많이 울었어요.　　(　)

3) 카나 씨는 마카우 씨가 입원한 병원에 갈 거예요. (　)

4) 두 사람은 마카우 씨가 퇴원한 후에
　 같이 밥을 먹을 거예요.　　　　　　　　　(　)

💬 새 어휘 및 표현 Words and Expressions

울다 to cry

01 110쪽의 어휘와 아래 문법을 사용하여 문장을 만들어 보세요.
Use the vocabulary from the page 110 and the grammar below to create sentences.

문법 Grammars	· V/A-아/어/해서	· ㅅ 불규칙
	· V/A-(으)면	· V-지 말다

1) _____.

2) _____.

3) _____.

4) _____.

02 위의 문법을 사용하여 보기 와 같이 여러분이 아팠던 경험에 대해 쓰세요.
Write about your experience of being sick using the grammar above as shown in the 보기 .

보기

저는 지난겨울에 감기에 걸려서 많이 아팠어요. 열이 나고 콧물도 났어요. 그리고 기침을 많이 해서 목도 부었어요. 감기약을 먹었지만 한 달 내내 감기가 안 나아서 병원에 입원했어요. 병원에서 주사를 맞고 약도 먹었어요. 감기가 다 나은 후에 퇴원할 수 있었어요. 그래서 지금은 건강해요.

💬 새 어휘 및 표현 Words and Expressions

지난겨울 last winter   감기약 cold medicine   한 달 a month   주사를 맞다 to get a shot   건강하다 healthy

너랑 나랑 Talk Talk

● 다음 대화를 제시된 문법의 색깔에 맞춰 한국어로 바꿔 쓰세요.

Write the following conversation into Korean based on the grammar as presented in color.

| V/A-아/어/해서 | ㅅ 불규칙 | V/A-(으)면 | V-지 말다 |

Muhammad, why didn't you come to school yesterday?

I didn't go because I caught a cold.

Are you okay now?

No, I still have a runny nose, and my throat is swollen. So, I will go to the hospital in the afternoon.

〈At the hospital〉

What brings you here?

I came because I have a runny nose and a swollen throat.

When did it start hurting?

It started last week.

If you feel sick, don't endure it and make sure to take the medicine.

Yes, I understand.

7과	8과
☐ 몸살이 나다 to have body ache	☐ 입원하다 to be hospitalized
☐ 감기에 걸리다 to catch a cold	☐ 퇴원하다 to be discharged from hospital
☐ 열이 나다 to have a fever	☐ 깁스를 하다 to wear a cast
☐ 기침을 하다 to cough	☐ 팔을 다치다 to injure an arm
☐ 콧물이 나다 to have a runny nose	☐ 다리를 다치다 to injure a leg
☐ 코가 막히다 to have a stuffy nose	☐ 잇몸이 붓다 to have swollen gums
☐ 소화가 안되다 to have trouble digesting	☐ 이가 아프다 to have a toothache
☐ 체하다 to have indigestion	☐ 어깨가 결리다/쑤시다 to have aching/ stiff shoulders
☐ 배탈이 나다 to have a stomachache	☐ 피가 나다 to bleed
☐ 설사를 하다 to have diarrhea	☐ 어지럽다 to feel dizzy
☐ 목이 붓다 to have a swollen throat	
☐ 토하다 to vomit	

메모

5단원

UNIT 5

나랏말ᄊᆞ미
듕귁에달아
문ᄍᆞ와로서르
ᄉᆞᄆᆞᆺ디아니홀ᄊᆡ

이런젼ᄎᆞ로
어린빅셩이
니르고져홇
배이셔도

교통
Transportation

9과   **여기에서 앞으로 쭉 가세요.**

Go straight ahead from here.

10과   **길이 막히니까**

지하철을 타고 갈까요?

How about taking the subway

since the road is congested?

9과

Chapter 9

여기에서 앞으로 쭉 가세요.

Go straight ahead from here.

📖 **어휘** 길 찾기 / 길 안내
       Finding directions / Giving directions

📖 **문법 1** N(으)로(방향)

📖 **문법 2** V-아/어/해야 되다/하다

📖 **말하기** 길 묻고 대답하기
       Asking and answering about directions.

01 다음은 길을 물어볼 때 사용할 수 있는 표현이에요. 그림을 보고 친구와 말해 보세요.
The followings are expressions you can use to ask for directions. Look at the picture and talk to your friend.

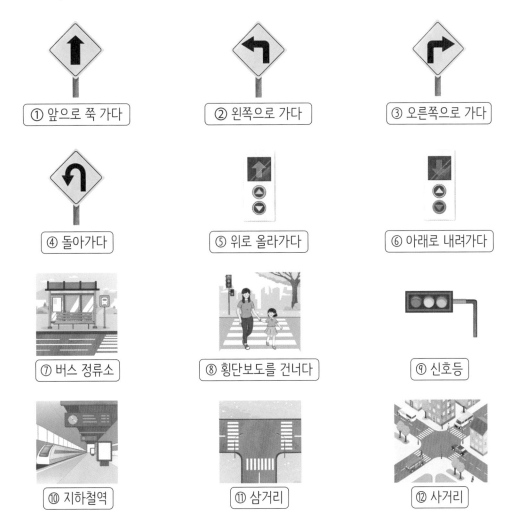

① 앞으로 쭉 가다   ② 왼쪽으로 가다   ③ 오른쪽으로 가다

④ 돌아가다   ⑤ 위로 올라가다   ⑥ 아래로 내려가다

⑦ 버스 정류소   ⑧ 횡단보도를 건너다   ⑨ 신호등

⑩ 지하철역   ⑪ 삼거리   ⑫ 사거리

02 보기 와 같이 친구에게 길을 물어보세요.
Ask your friend for directions as shown in the 보기 .

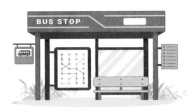

보기

가   버스 정류소가 어디에 있어요?

나   앞으로 쭉 가세요. 그리고 왼쪽으로 가세요.
     거기에 버스 정류소가 있어요.

문법 1 Grammar 1 N(으)로(방향)

N(으)로(방향)

'N(으)로(방향)'은 장소나 방향을 나타내는 명사 뒤에 붙어 움직임의 방향이나 목적지를 나타낼 때 사용해요. 명사에 받침이 있으면 'N으로', 받침이 없거나 받침 'ㄹ'이 있으면 'N로'를 사용해요.

'N(으)로 (direction)' is used to indicate the direction or destination of a movement by attaching it after a noun that indicates a place or direction. Use 'N으로' if the noun ends in a consonant, and 'N로' if it ends in a vowel or 'ㄹ'.

◀ 036

가 죄송하지만 대학 본부가 어디에 있어요?
나 이 건물 밖으로 나간 후에 **앞으로** 쭉 가세요.

가 Excuse me, but is the university headquarters?
나 Get out of this building and then go straight ahead.

✎ 연습 Practice 1

● 보기 와 같이 알맞은 것을 골라 ✓표 하세요.
Choose the correct answer and mark it with a check as shown in the 보기 .

> 보기 가 우체국이 어디에 있어요?
>
> 나 이 건물 바로 위에 있어요. 위(☑로   □으로) 올라가세요.

1) 가 화장실이 어디에 있어요?

   나 1층에 있어요. 아래(□로   □으로) 내려간 후에 왼쪽(□로   □으로) 가세요.

2) 가 마카우 씨, 지금 어디에 있어요?

   나 커피숍에 있어요. 커피숍(□로   □으로) 오세요.

💬 새 어휘 및 표현 Words and Expressions

죄송하지만 Excuse me, but   바로 right

3) 가 여보세요? 프엉 씨. 오늘 오후에 어디(□로   □으로) 갈 거예요? 교수님 연구실(□로   □으로) 갈 거예요?

나 거기(□로   □으로) 안 가고, 동아리방(□로   □으로) 갈 거예요.

✎ 연습 Practice 2

● 135쪽의 어휘를 보고 보기 와 같이 'N(으)로'를 사용해서 친구와 이야기해 보세요.
Refer to the vocabulary on page 135 and talk to your friend using 'N(으)로' as shown in the 보기 .

보기
계단 위로 올라가요.

💬 새 어휘 및 표현 Words and Expressions

교수님 연구실 professor's office   계단 stairs

문법 2 Grammar 2 V-아/어/해야 되다/하다

V-아/어/해야 돼요/해요

'V-아/어/해야 되다/하다'는 동사에 붙어 어떤 행동에 대한 의무나 필요성을 나타낼 때 사용해요. 동사 어간이 'ㅏ, ㅗ'로 끝나면 'V-아야 되다/하다'를, '-하다'로 끝나면 'V-해야 되다/하다'를, 'ㅓ, ㅜ, ㅡ, ㅣ…' 등 그 외 모음으로 끝나면 'V-어야 되다/하다'를 사용해요.

'V-아/어/해야 되다/하다' is attached to a verb to indicate obligation or necessity. If the verb stem ends in 'ㅏ' or 'ㅗ', use 'V-아야 돼요/해요.' If it ends in '하다' use 'V-해야 돼요/해요'. For other vowels, use 'V-어야 돼요/해요'.

037

가　여기에서 서점까지 어떻게 가야 돼요?

나　저기 삼거리에서 오른쪽으로 돌아가면 바로 있어요.

가　How should I get to the bookstore from here?

나　If you turn right at the three-way intersection over there, and it's right there.

하나 더 Extra tips

'N에서 N까지'는 명사 뒤에 붙어서 장소의 이동을 표현할 때 사용해요. 'N에서'는 출발점을, 'N까지'는 도착점을 나타내요.

'N에서 N까지' is attached to a noun to express movement of places. 'N에서' indicates the starting point, and 'N까지' indicates the point of arrival.

💬 **새 어휘 및 표현** Words and Expressions

어떻게 how

✏️ 연습 Practice 1

● 보기 와 같이 'V-아/어/해야 되다/하다'를 사용해서 문장을 완성해 보세요.
　　Complete the sentences using 'V-아/어/해야 돼요/해요' as shown in the 보기 .

　　보기 은행 앞에서 횡단보도를 <u>건너야 돼요 / 건너야 해요</u>.　　　　　　　　　　　건너다

1) 주말에 숙제를 _____.　　　　　　　　　　　　　　　　　　　　　　　　　하다

2) 해외여행을 갈 거예요. 그래서 여권을 _____.　　　　　　　　　　　　　만들다

3) 친구가 결혼해요. 그래서 고향에 _____.　　　　　　　　　　　　　　　가다

4) 감기에 걸렸어요. 그래서 감기약을 _____.　　　　　　　　　　　　　　먹다

5) 한국에서 살고 싶어요. 그래서 한국어를 _____.　　　　　　　　　　　배우다

✏️ 연습 Practice 2

● 보기 와 같이 아래 장소에서 지켜야 할 규칙을 'V-아/어/해야 되다/하다'를 사용해서 친구와 이야기해 보세요.
　　Talk to your friend about rules to follow at the given places using 'V-아/어/해야 돼요/해요' as shown in the 보기 .

기숙사

보기

기숙사에서 청소를 <u>해야 돼요</u>.
　　　　전화는 밖에서 <u>해야 해요</u>.

1)

강의실

2)

도서관

3)

💬 새 어휘 및 표현 Words and Expressions _____

　해외여행 overseas trip　　여권 passport　　결혼하다 to get married　　청소하다 to clean　　휴대폰을 끄다 to turn off the phone

◀ 038

Macau	Is there a pharmacy nearby?
Jessica	Yes, there is.
Macau	How do I get there?
Jessica	If you go straight to the left at the intersection ahead, there is a bookstore. The pharmacy is right next to the bookstore.
Macau	Is it far from here to the pharmacy?
Jessica	No, it's close.
Macau	How long does it take?
Jessica	It takes about three minutes.

마카우　　이 근처에 약국이 있어요?

제시카　　네, 있어요.

마카우　　거기까지 어떻게 가요?

제시카　　저 앞 사거리에서 왼쪽으로 쭉 가면 서점이 있어요. 서점 바로 옆에 약국이 있어요.

마카우　　여기에서 약국까지 멀어요?

제시카　　아니요. 가까워요.

마카우　　얼마나 걸려요?

제시카　　3분쯤 걸려요.

하나 더 Extra tips

'얼마나 걸려요?'는 어떤 일이 끝나거나 목적지에 도착하는 데 소요되는 시간을 묻는 표현이에요.
'얼마나 걸려요?' is an expression that asks how long it takes to get to a destination or finish something.

💬 새 어휘 및 표현 Words and Expressions

근처 nearby　　약국 pharmacy　　분 minute　　쯤 about, around

● 앞의 대화를 참고하여 같은 색깔의 단어끼리 바꾸어 친구와 이야기해 보세요.
　Refer to the conversation above and talk to your friend by changing the words presented in color.

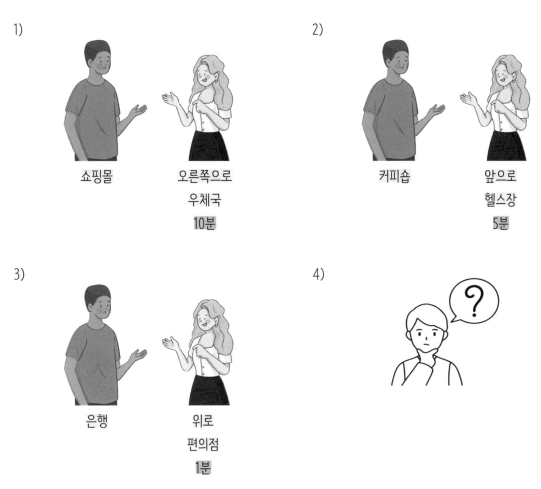

1)

쇼핑몰　　오른쪽으로
　　　　　우체국
　　　　　10분

2)

커피숍　　앞으로
　　　　　헬스장
　　　　　5분

3)

은행　　　위로
　　　　　편의점
　　　　　1분

4)

🗨 새 어휘 및 표현 Words and Expressions

　쇼핑몰 shopping mall

10과

Chapter 10

길이 막히니까
지하철을 타는 게 어때요?

How about taking the subway since the road is congested?

📖 **어휘** 교통수단
  Transportation

📖 **문법 1** V/A-(으)니까

📖 **문법 2** V/A-거나

📖 **말하기** 교통수단 묻고 대답하기
  Asking and answering about transportation.

어휘 Vocabulary

01 여러분은 여행을 할 때 무엇을 타 봤어요? 아래 그림을 보고 이야기해 보세요.
What modes of transportation have you used when traveling? Look at the picture below and talk about it.

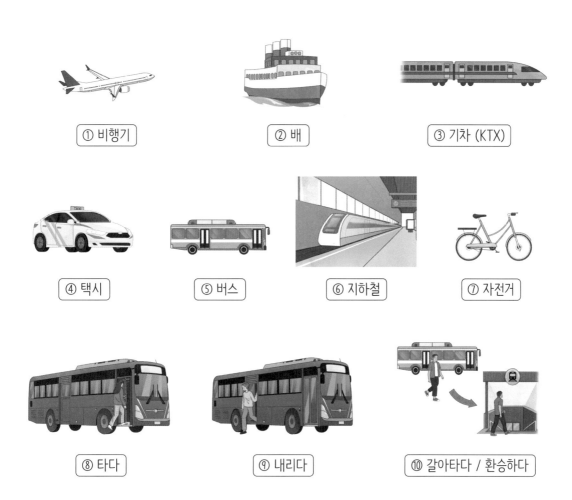

① 비행기

② 배

③ 기차 (KTX)

④ 택시

⑤ 버스

⑥ 지하철

⑦ 자전거

⑧ 타다

⑨ 내리다

⑩ 갈아타다 / 환승하다

02 집에 갈 때 어떻게 가요? 보기 와 같이 친구와 이야기해 보세요.
How do you get home? Talk to your friend as shown in the 보기 .

보기

가 집에 어떻게 가요?

나 버스를 타고 가요.

V/A-(으)니까

'V/A-(으)니까'는 동사, 형용사 뒤에 붙어 이유를 말할 때 사용해요. 동사나 형용사에 받침이 있으면 'V/A-으니까'를, 받침이 없거나 받침 'ㄹ'이 있으면 'V/A-니까'를 사용해요. 주로 말하는 사람이 자신의 생각을 바탕으로 상대방에게 권유, 제안, 명령을 할 때 사용해요.

'V/A-(으)니까' is attached a verb and an adjective to indicate a reason. Use 'V/A-으니까' if the verb or adjective ends in a consonant, and 'V/A-니까' if it ends in a vowel or 'ㄹ'. It is commonly used when making suggestions, recommendations, or commands based on the speaker's opinion.

◀ 039

가 날씨가 **좋으니까** 같이 공원에서 산책을 해요.

나 네. 좋아요.

가 Since the weather is nice, let's take a walk together in the park.

나 Sure, that sounds great.

연습 Practice 1

● 보기 와 같이 'V/A-(으)니까'를 사용해서 문장을 완성해 보세요.

Complete the sentences using 'V/A-(으)니까' as shown in the 보기 .

보기 더우니까 에어컨을 켜는 게 어때요?	덥다

1) 배를 _____ 어지러워요. 　　　　　　　　　　　　　　타다

2) 바람이 _____ 옷을 따뜻하게 입으세요. 　　　　　　　불다

3) 이 영화가 _____ 한번 보세요. 　　　　　　　　　　재미있다

💬 새 어휘 및 표현 Words and Expressions

에어컨을 켜다 to turn on the air conditioner　　따뜻하게 warmly　　한번 once

4) 오늘은 너무 _____ 내일 전화할게요.   늦었다

5) 여기에서 공항이 _____ 택시를 타고 가요.   멀다

✎ 연습 Practice 2

● 보기 와 같이 'V/A-(으)니까'을 사용해서 친구와 이야기해 보세요.
  Talk to your friend using 'V/A-(으)니까' as shown in the 보기 .

보기
길이 막히니까 지하철을 타는 게 어때요?

1)

2)

3)

문법 2 Grammar 2 V/A-거나

V/A-거나

· 'V/A-거나'는 동사, 형용사 뒤에 붙어 두 가지 이상의 선택지 중 하나를 선택할 때 사용해요.

'V/A-거나' is attached to a verb or an adjective and is used to choose between two or more options.

· 명사 뒤에 붙어 받침이 있을 때는 'N이나', 없을 때는 'N나'를 사용해요.

For nouns, use 'N이나' if the noun ends in a consonant, and 'N나' if it doesn't.

040

가   시간이 있으면 뭐 해요?

나   집에서 **쉬거나** 친구를 만나요.

가   What do you do if you have free time?

나   I rest at home or meet friends.

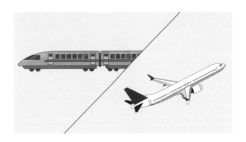

041

가   서울에 어떻게 가요?

나   KTX**나** 비행기를 타고 가요.

가   How do you get to Seoul?

나   I take the KTX or a plane.

연습 Practice 1

● 보기 와 같이 'V/A-거나'를 사용해서 문장을 완성해 보세요.

Complete the sentences using 'V/A-거나' as shown in the 보기 .

보기 저는 아침에 우유를 <u>마시거나</u> 바나나를 먹어요.　　　　　　　　　　마시다

1) 친구를 만나면 쇼핑을 _____ 영화를 봐요.　　　　　　　　하다

2) 주말에 공원에서 책을 _____ 산책을 해요.　　　　　　　　읽다

3) 밤에 잠이 안 오면 음악을 _____ 따뜻한 우유를 마셔요.　　듣다

4) 제주도에 비행기를 _____ 배를 타고 가는 사람이 많아요.　타다

연습 Practice 2

● 보기 와 같이 'N(이)나'를 사용해서 친구와 이야기해 보세요.

Talk to your friend using 'N(이)나' as shown in the 보기 .

보기
방학에 제주도<u>나</u> 부산에 갈 거예요.
방학에 부산<u>이나</u> 제주도에 갈 거예요.

1)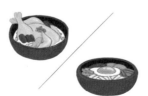

2) 3)

💬 새 어휘 및 표현 Words and Expressions

쇼핑을 하다 to go shopping　　밤 night

말하기 Speaking

◀ 042

Gabriel	Yumi, is it far from here to the airport?
Yumi	No, it's close, so take the subway.
Gabriel	Can I walk there?
Yumi	No, it takes about 30 minutes by subway.
Gabriel	I see. Then which line should I take?
Yumi	You have to take Line 1 or Line 3 here and then transfer to Line 5 at City Hall. If you get off at City Hall and go to Exit 2, you can take Line 5.
Gabriel	The way to the airport is confusing.
Yumi	No, it's easy. If you're not sure, please text me on KakaoTalk.

가브리엘	유미 씨, 여기에서 공항까지 멀어요?
유미	아니요. 가까우니까 지하철을 타세요.
가브리엘	걸어서 가도 돼요?
유미	아니요. 지하철로 30분쯤 걸려요.
가브리엘	그렇군요. 그럼 몇 호선을 타야 해요?
유미	여기에서 1호선을 타거나 3호선을 탄 후에 시청에서 5호선으로 환승해야 해요. 시청에 내려서 2번 출구로 가면 5호선을 탈 수 있어요.
가브리엘	공항까지 가는 길이 헷갈리네요.
유미	아니에요. 쉬워요. 모르겠으면 저에게 카톡하세요.

> **하나 더 Extra tips**
>
> 'ㄷ 불규칙'은 'ㄷ' 받침으로 끝나는 동사 뒤에 모음으로 시작하는 어미가 올 때, 'ㄷ'이 'ㄹ'로 바뀌는 현상을 말해요. 예로, '걷다'가 '-아/어서'와 결합하면 '걸어서'로, '듣다'는 '들어서'의 형태로 사용해요.
>
> 'ㄷ irregular' occurs when a verb stem ends in 'ㄷ', and the 'ㄷ' changes to 'ㄹ' before a vowel. For example, when '걷다(to walk)' combines with '-아/어서', it becomes '걸어서', and '듣다(to listen)' becomes '들어서'.

💬 **새 어휘 및 표현** Words and Expressions

공항 airport 걸어서 가다 on foot 호선 subway line 시청 cityhall 번 number 출구 exit 길 road 헷갈리다 to be confused

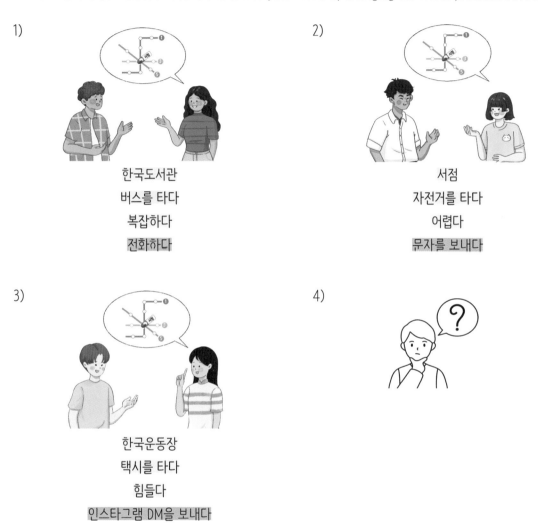

연습 Practice

● 앞의 대화를 참고하여 같은 색깔의 단어끼리 바꾸어 친구와 이야기해 보세요.
Refer to the conversation above and talk to your friend by changing the words presented in color.

1)

한국도서관
버스를 타다
복잡하다
전화하다

2)

서점
자전거를 타다
어렵다
문자를 보내다

3)

한국운동장
택시를 타다
힘들다
인스타그램 DM을 보내다

4)

새 어휘 및 표현 Words and Expressions

복잡하다 to be complicated   카톡하다 to send a Kakaotalk message   문자 text message   인스타그램 DM Instagram direct message

01 다음을 듣고 보기 에서 알맞은 것을 고르세요.
Listen to the following and choose the correct answer from the 보기 . ◀043

1) (   )   2) (   )   3) (   )

보기

①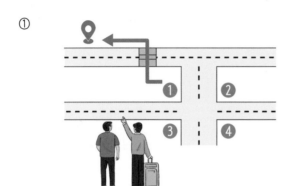

②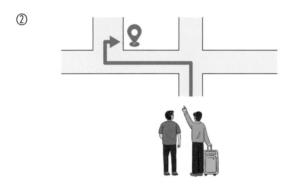

③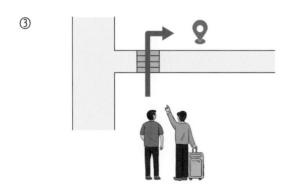

02 대화를 듣고 질문에 답하세요.
Listen to the dialogue and answer the questions.

 044

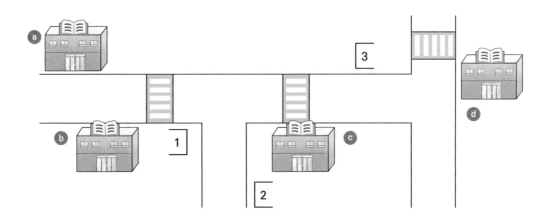

1) 마카우 씨의 집은 어디예요?
Where is Macau's house?

① ⓐ   ② ⓑ   ③ ⓒ   ④ ⓓ

2) 다음을 읽고 맞는 것을 고르세요.
Read the following and choose the right one.

① 유미 씨는 내일 집에 있을 거예요.

② 마카우 씨는 지금 영화를 보고 있어요.

③ 유미 씨는 내일 마카우 씨에게 전화할 거예요.

④ 마카우 씨와 잭 씨는 유미 씨 집에 갈 거예요.

💬 **새 어휘 및 표현** Words and Expressions

저기요. Excuse me.

01 다음을 읽고 <u>틀린</u> 것을 고르세요.
Read the following and choose the <u>incorrect</u> statement.

1) ① 지금 밥을 <u>먹으니까</u> 빨리 오세요.　② 오늘 서울에 <u>가니까</u> 내일 만나요.
　③ 날씨가 <u>춥으니까</u> 감기 조심하세요.　④ 다말 씨가 책을 읽고 <u>있으니까</u>
　　　　　　　　　　　　　　　　　　　　　조용히 하는 게 어때요?

2) ① 여기에서 <u>왼쪽으로</u> 가세요.　② 친구가 <u>강의실으로</u> 올라가요.
　③ 우리는 계단 <u>아래로</u> 내려갈 거예요.　④ 은행은 이 건물 <u>밖으로</u> 나가면 있어요.

02 다음을 읽고 맞는 것에 'O', 틀린 것에 'X' 표시하세요.
Read the following and mark 'O' for correct and 'X' for incorrect.

> 　저는 한국대학교 학생이에요. 저는 학교에 갈 때 지하철을 타요. 버스를 타면 학교에 한 번에 도착해서 편하지만 아침에 사람이 많아요. 그래서 저는 지하철을 타는 것을 더 좋아해요. 지하철을 타면 환승해야 해서 조금 힘들지만 버스보다 더 빨리 학교에 도착해요. 집에서 학교까지 버스를 타면 1시간 정도 걸려요. 하지만 지하철은 40분 정도 걸려요. 그래서 저는 보통 아침에는 지하철을 타고 학교에 가고, 저녁에는 밖의 경치를 볼 수 있는 버스를 타고 집에 가요.

1) 이 사람은 지하철을 타고 학교에 가요.　　　　　　(　　　)

2) 버스를 타고 학교에 갈 때 환승을 해야 해요.　　　　(　　　)

3) 학교에서 집까지 버스를 타면 40분 정도 걸려요.　　(　　　)

💬 새 어휘 및 표현 Words and Expressions _____

조심하다 to be careful　한 번에 all at once　편하다 convenient　정도 about, around　경치 scenery

쓰기 Writing

01 135쪽의 어휘와 아래 문법을 사용하여 문장을 만들어 보세요.
Use the vocabulary from the page 135 and the grammar below to create sentences.

문법 Grammars	· N(으)로(방향)	· V-아/어/해야 되다/하다
	· V/A-(으)니까	· V/A-거나

1) ....

2) ....

3) ....

4) ....

02 위의 문법을 사용하여 보기 와 같이 여행지에서의 교통수단을 이용한 경험에 대해 쓰세요.
Using the grammar above, write about your experiences using transportation at your destination, as shown in the 보기 .

보기

저는 여행하는 것을 좋아해요. 일본은 한국과 가까우니까 자주 가요. 보통 비행기나 배를 타고 가요. 이번 방학에는 친구와 함께 일본에 갔어요. 친구는 배멀미를 해서 우리는 비행기를 타야 했어요. 일본에 도착한 후에 버스를 타고 여기저기를 방문했어요. 그리고 후지산 등산도 했어요. 산 위로 올라가는 것은 힘들었지만 재미있었어요.

💬 새 어휘 및 표현 Words and Expressions

배멀미 seasickness   여기저기 here and there   후지산 Mount Fuji   산 mountain

너랑 나랑 Talk Talk

● 다음 대화를 제시된 문법의 색깔에 맞춰 한국어로 바꿔 쓰세요.

Write the following conversation into Korean based on the grammar as presented in color.

N(으)로(방향)	V-아/어/해야 되다/하다	V/A-(으)니까	V/A-거나

Excuse me, but how do I get to City Hall from here?

Take the subway.

How do I get to the subway station?

There is a subway station if you go straight to the left from here. Take Line 1 or Line 3.

How long does it take to the subway station?

It takes about three minutes. It's close, so walk there.

〈After getting off at City Hall Subway Station〉

Excuse me, how do I get to City Hall?

Go out Exit number 1. And if you go straight, you'll see the City Hall.

Is it far from here?

No, it's close.

💬 새 어휘 및 표현 Words and Expressions

아주머니 middle aged woman   아저씨 middle aged man

어휘 색인 Glossary

9과	10과
☐ 앞으로 쭉 가다 to go straight ahead	☐ 비행기 airplane
☐ 돌아가다 to go back	☐ 배 ship
☐ 왼쪽으로 가다 to go left	☐ 기차(KTX) train (KTX)
☐ 오른쪽으로 가다 to go right	☐ 택시 taxi
☐ 위로 올라가다 to go up	☐ 버스 bus
☐ 아래로 내려가다 to go down	☐ 지하철 subway
☐ 길을/횡단보도를 건너다 　　to cross the road/crosswalk	☐ 자전거 bicycle
☐ 신호등 traffic light	☐ 타다 to ride
☐ 버스 정류소 bus stop	☐ 내리다 to get off
☐ 지하철역 subway station	☐ 갈아타다/환승하다 to transfer
☐ 삼거리 three-way intersection	
☐ 사거리 four-way intersection	

6단원
UNIT 6

나랏말싸미 듕귁에달아 문쫑와로서르 수뭇디아니홀쎄

이런전츠로 어린백셩이 니르고져 홇배이셔

여행
Travel

저는 한복을 한번 입어 보고 싶어요.

I want to try Hanbok on.

📖 **어휘** 문화 체험
Cultural experience

📖 **문법 1** V/A-(으)ㄹ 때

📖 **문법 2** V-아/어/해 보다

📖 **말하기** 문화 체험 경험 묻고 대답하기
Asking and answering about cultural experiences.

● 여러분은 한국에서 어떤 문화 체험을 해 봤어요? 그림을 보고 이야기해 보세요.

What cultural experiences have you had in Korea? Look at the picture and talk about it.

⑥ 전통 음악/판소리/
사물놀이 공연을 보다

⑨ 명소를 방문하다

④ 한국 예설을 배우나

⑤ 태권도를 하다

③ 서예를 하다

⑦ 한국 춤과
노래를 배우다

② 김치를 만들다

① 한옥 마을에 가다

⑩ 다도를 체험하다

⑧ 한복을 입다

문법 1 Grammar 1 V/A-(으)ㄹ 때

V/A-(으)ㄹ 때

'V/A-(으)ㄹ 때'는 어떤 행동이나 상황이 일어나는 시간이나 그러한 일이 일어난 경우를 나타낼 때 사용해요. 동사, 형용사에 받침이 있으면 'V/A-을 때', 받침이 없거나 받침 'ㄹ'이 있으면 'V/A-ㄹ 때'를 사용해요.

'V/A-(으)ㄹ 때' is used to indicate the time or situation when an action or event occurs. Use 'V/A-을 때' if the verb or adjective ends in a consonant, and 'V/A-ㄹ 때' if it ends in a vowel or 'ㄹ'.

◀ 045

가 다말 씨, 언제 한국 생활이 힘들어요?

나 **아플 때** 힘들어요.

가 Damal, when do you find living in Korea difficult?

나 It's tough when I'm sick.

✎ 연습 Practice 1

● 보기 와 같이 'V/A-(으)ㄹ 때'를 사용해서 문장을 완성해 보세요.

Complete the sentences using 'V/A-(으)ㄹ 때' as shown in the 보기 .

보기	가 유미 씨는 언제 음악을 들어요?	
	나 저는 <u>운동할 때</u> 음악을 들어요.	운동하다

1) 가 마카우 씨는 언제 김치를 먹어요?

　　 나 컵라면을 ＿＿＿＿＿＿＿＿ 김치를 먹어요.　　　　　　　　　　　　　먹다

2) 가 제시카 씨는 언제 기분이 좋아요?

　　 나 노래방에서 노래를 ＿＿＿＿＿＿＿＿ 기분이 좋아요.　　　　　　　　　부르다

3) 가 다말 씨는 시간이 _____ 뭐 해요?   있다

   나 요리하는 것을 좋아해서 요리 유튜브를 봐요.

4) 가 무하마드 씨는 한국 생활이 _____ 어떻게 해요?   힘들다

   나 부모님하고 통화해요.

📝 연습 Practice 2

● 보기 와 같이 'V/A-(으)ㄹ 때'를 사용해서 친구와 이야기해 보세요.
  Talk to your friend using 'V/A-(으)ㄹ 때' as shown in the 보기 .

고향 음식을 먹고 싶다

보기
가 고향 음식을 먹고 싶을 때 어떻게 해요?
나 한국에 있는 베트남 식당에 가요./
   친구들하고 베트남 음식을 만들어요./
   유튜브로 베트남 음식을 봐요.…

1)

스트레스를 받다

2)

외롭다

3)

💬 새 어휘 및 표현 Words and Expressions

통화하다 to talk on the phone   외롭다 lonely

V-아/어/해 보다

· 'V-아/어/해 보다'는 어떤 행동을 시험적으로 하거나 과거에 어떤 행동을 경험했을 때 사용해요. 동사 어간이 'ㅏ, ㅗ'로 끝나면 'V-아 보다', '-하다'로 끝나면 'V-해 보다', 그 외 모음으로 끝나면 'V-어 보다'를 사용해요.

'V-아/어/해 보다' is used to test something or to experience something in the past. Use 'V-아 보다' if the verb stem ends in 'ㅏ' or 'ㅗ', 'V-해 보다' if it ends in '하다', and 'V-어 보다' for other vowels.

· 동사 '보다'의 경우, '봐 보다'가 아닌 '보다'로 사용해요.

For the verb '보다', use it as '보다' not as '봐 보다'.

◀ 046

가　다말 씨는 한옥 마을에 가면 뭐 하고 싶어요?

나　저는 한복을 한번 **입어 보고** 싶어요.

가　Damal, what would you like to do when you go to Hanok village?

나　I'd like to try Hanbok on.

◀ 047

가　하준 씨는 한옥 마을에 **가 봤어요**?

나　네. 저는 거기에서 한복을 **입어 봤어요**.

가　Hajun, have you been to Hanok village?

나　Yes, I tried Hanbok on there.

● 보기 와 같이 'V-아/어/해 보다'를 사용해서 문장을 완성해 보세요.
Complete the sentences using 'V-아/어/해 보다' as shown in the 보기 .

보기	저는 김치를 좋아해요. 그래서 김치를 <u>만들어 보고</u> 싶어요.	만들다
	저는 김치를 <u>만들어 봤어요</u>. 좀 매웠어요.	만들다

1) 어제 축제에서 태권도 공연을 봤어요. 저도 태권도를 ＿＿＿＿＿＿＿ 싶어요.　　　　배우다

2) 저는 차를 마시는 것을 좋아해요. 그래서 다도를 ＿＿＿＿＿＿＿ 싶어요.　　　　체험하다

3) 저는 한국 전통 음악에 관심이 있어요. 그래서 판소리 공연을 ＿＿＿＿＿＿＿ 싶어요　　　보다

4) 주말에 친구하고 전통 시장에 갔어요. 거기에서 호떡을 ＿＿＿＿＿＿＿. 맛있었어요.　　　먹다

5) 저는 한국에서 아르바이트를 ＿＿＿＿＿＿＿. 재미있었지만 좀 힘들었어요.　　　하다

6) 저는 자전거를 한 번도 안 ＿＿＿＿＿＿＿. 한번 ＿＿＿＿＿＿＿ 싶어요.　　타다 / 타다

● 159쪽을 보고 보기 와 같이 'V-아/어/해 보다'를 사용해서 친구와 이야기해 보세요.
Refer to the vocabulary page 159 and talk to your friend using 'V-아/어/해 보다' as shown in the 보기 .

보기
가　샤르마 씨는 한국에서 어떤 문화 체험을 <u>해 봤어요</u>?
나　서예를 <u>해 봤어요</u>.
가　서예가 어땠어요?
나　재미있었어요.

보기
가　샤르마 씨는 한국에서 어떤 문화 체험을 <u>해 보고 싶어요</u>?
나　한국 예절을 <u>배워 보고 싶어요</u>.
가　왜 한국 예절을 <u>배워 보고 싶어요</u>?
나　한국 사람을 더 알고 싶어서 한국 예절을 <u>배워 보고 싶어요</u>.

💬 새 어휘 및 표현 Words and Expressions
문화 culture

◀048

Hajun	Kana, what cultural experiences have you had in Korea?
Kana	I've tried Samulnori (Korean traditional percussion). It was fun because the teacher taught me well.
Hajun	Oh, really? What cultural experiences do you want to experience?
Kana	I'd like to visit some Korean attractions.
Hajun	Where would you like to go?
Kana	I'd like to visit Gyeongju. I watched Gyeongju on YouTube before coming to Korea. It was so beautiful. I really want to go there when I have time.
Hajun	Gyeongju has many historical sites, so Koreans also love it.
Kana	I really want to go there during this school vacation, too.

하준   카나 씨는 한국에서 어떤 문화 체험을 해 봤어요?

카나   사물놀이를 해 봤어요. 선생님이 잘 가르쳐 주셔서 재미있었어요.

하준   아, 그랬어요? 또 어떤 문화 체험을 해 보고 싶어요?

카나   한국 명소를 방문해 보고 싶어요.

하준   어디에 가 보고 싶어요?

카나   경주에 가 보고 싶어요. 한국에 오기 전에 유튜브에서 경주를 봤어요. 정말 아름다웠어요. 시간이 있을 때 꼭 가 보고 싶어요.

하준   경주는 유적지가 많아서 한국 사람들도 아주 좋아해요.

카나   저도 이번 방학에 꼭 가 보고 싶어요.

📌 하나 더 Extra tips

'V-기 전에'는 뒤에 오는 행동이 앞에 오는 행동보다 시간상 먼저 행해지는 것을 말해요.

'V-기 전에' means 'before a certain period of time' or 'before some action'. It is used in the form of 'Time 전에', and 'Verb-기 전에' in a sentence.

💬 **새 어휘 및 표현 Words and Expressions**

경주 Gyeongju   또 any other   유적지 historical site

● 앞의 대화를 참고하여 같은 색깔의 단어끼리 바꾸어 친구와 이야기해 보세요.

Refer to the conversation above and talk to your friend by changing the words presented in color.

1)

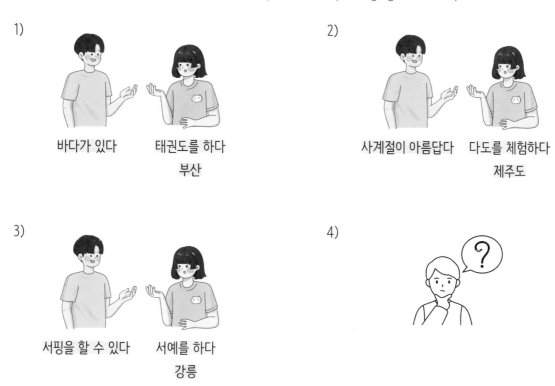

바다가 있다   태권도를 하다
부산

2)

사계절이 아름답다   다도를 체험하다
제주도

3)

서핑을 할 수 있다   서예를 하다
강릉

4)

새 어휘 및 표현 Words and Expressions

강릉 Gangneung

우리 주말에 같이 경주에 갈까요?

Shall we go to Gyeongju together on the weekend?

어휘 Vocabulary

01 여행을 가기 전에 무엇을 준비해요? 그림을 보고 이야기해 보세요.
What do you prepare before going on a trip? Look at the picture and talk about it.

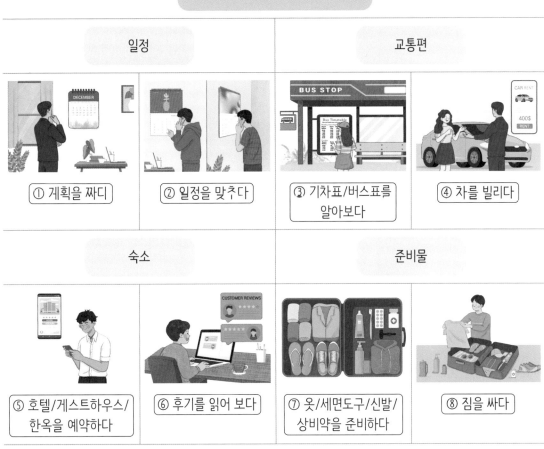

여행 계획

일정

① 계획을 짜다
② 일정을 맞추다

교통편

③ 기차표/버스표를 알아보다
④ 차를 빌리다

숙소

⑤ 호텔/게스트하우스/ 한옥을 예약하다
⑥ 후기를 읽어 보다

준비물

⑦ 옷/세면도구/신발/ 상비약을 준비하다
⑧ 짐을 싸다

02 보기 와 같이 여행을 가기 전에 무엇을 가장 먼저 하는지 친구와 이야기해 보세요.
Talk to your friend about what you do first before you go on a trip, as shown in the 보기 .

보기

가 여행 가기 전에 뭘 가장 먼저 해요?
나 저는 먼저 숙소를 예약해요.

문법 1 Grammar 1 V-(으)려고 하다

V-(으)려고 하다

'V-(으)려고 하다'는 어떤 행동을 할 의도나 계획을 말할 때 사용해요. 동사에 받침이 있으면 'V-으려고 하다', 받침이 없거나 받침 'ㄹ'이 있으면 'V-려고 하다'를 사용해요.

'V-(으)려고 하다'는 어떤 행동을 할 의도나 계획을 말할 때 사용해요. 동사에 받침이 있으면 'V-으려고 하다', 받침이 없거나 받침 'ㄹ'이 있으면 'V-려고 하다'를 사용해요. 'V-(으)려고 하다' is used to express the intention or plan to do something. Use 'V-으려고 하다' if the verb ends in a consonant, and 'V-려고 하다' if it ends in a vowel or 'ㄹ'.

◀)049

가 다말 씨, 주말에 뭐 할 거예요?

나 친구하고 경주에 **가려고 해요**.

가 Damal, what are you going to do over the weekend?

나 I'm going to Gyeongju with my friend.

연습 Practice 1

● 보기 와 같이 'V-(으)려고 하다'를 사용해서 문장을 완성해 보세요.

Complete the sentences using 'V-(으)려고 하다' as shown in the 보기 .

보기 경주에서 여행할 때 한옥에서 <u>자려고 해요</u>.   자다

1) 고향 친구하고 같이 경주에서 _____.   놀다

2) 경주에서 황남빵을 _____.   먹다

3) 서울에서 부산까지 KTX 기차표를 _____.   알아보다

💬 새 어휘 및 표현 Words and Expressions ─────────────────────

자다 to sleep   황남빵 Hwangnam bread

4) 커피숍에서 친구하고 경주 여행 계획을 _____.   짜다

5) 경주에 가기 전에 경주 여행 후기를 _____.   읽어 보다

6) 평소에는 버스를 타는 것을 좋아하지만 이번 여행은 차를 _____.   빌리다

✎ 연습 Practice 2

● 보기 와 같이 'V-(으)려고 하다'를 사용해서 친구와 이야기해 보세요.
   Talk to your friend using 'V-(으)려고 하다' as shown in the 보기 .

보기

가   유미 씨, 주말에 뭐 할 거예요?
나   학교에서 판소리 공연이 있어서 친구하고 공연을 <u>보려고 해요</u>.
     가브리엘 씨는요?
가   저는 도서관에 <u>가려고 해요</u>.
     다음 주에 시험이 있어서 <u>공부하려고 해요</u>.

1)

잭   프엉

2)

마카우   카나

3)

💬 새 어휘 및 표현 Words and Expressions

   평소 usually

V-(으)ㄹ까요?

'V-(으)ㄹ까요?'는 상대방에게 어떤 일을 제안할 때 사용해요. 동사에 받침이 있으면 'V-을까요?'를 사용하고, 받침이 없거나 받침 'ㄹ'이 있으면 'V-ㄹ까요?'를 사용해요.

'V-(으)ㄹ까요?' is used to suggest something to the other person. Use 'V-을까요?' if the verb ends in a consonant, and 'V-ㄹ까요?' if it ends in a vowel or 'ㄹ'.

◀〔050〕

가 하준 씨, 우리 주말에 같이 경주에 **갈까요**?
나 네, 좋아요.

가 Hajun, shall we go to Gyeongju together on the weekend?
나 Yes, that sounds good.

📝 연습 Practice 1

● 보기 와 같이 'V-(으)ㄹ까요?'를 사용해서 문장을 완성해 보세요.
Complete the sentences using 'V-(으)ㄹ까요?' as shown in the 보기 .

보기	가 잭 씨, 오늘 시간이 있으면 같이 경주 여행 일정을 **짤까요**?	짜다
	나 네, 좋아요.	

1) 가 하오란 씨, 내일 같이 점심을 _____?   먹다

   나 미안해요. 내일 점심에 교수님과 약속이 있어요.

2) 가 카나 씨, 토요일에 어디에서 _____?   만나다

   나 학교 정문에서 만나요.

3) 가 무하마드 씨, 오늘 저녁에 해운대에서 친구들하고 같이 _____?　　　　놀다

   나 네, 좋아요. 같이 놀아요.

4) 가 프엉 씨, 경주에 여행 가면 뭘 _____?　　　　하다

   나 황남빵을 먹어요. 경주 특산품이에요.

✎ 연습 Practice 2

● 보기 와 같이 'V-(으)ㄹ까요?'를 사용해서 친구와 이야기해 보세요.
  Talk to your friend using 'V-(으)ㄹ까요?' as shown in the 보기 .

보기
가　하준 씨, 우리 주말에 같이 등산할까요?
나　네, 좋아요./
　　미안해요. 약속이 있어요./시간이 없어요./
　　주말은 좀 바빠요…

1)

2)

3)

💬 새 어휘 및 표현 Words and Expressions
　바쁘다 busy

◀ 051

Muhammad	Jessica, what are you doing on the weekend? If you have time, shall we go to Gyeongju together?
Jessica	Yes, that's great. I wanted to go there too.
Muhammad	What would you like to do when you go to Gyeongju?
Jessica	I like red bean, so I want to try Hwangnam bread.
Muhammad	I like red bean too. Then let's eat Hwangnam bread together.
Jessica	Sounds good. What do you want to do in Gyeongju, Muhammad?
Muhammad	I'm interested in historical sites, so I'm going to visit Bulguksa Temple. Do you know Temple?
Jessica	Yes, I saw it on YouTube. It was beautiful. Let's go to Bulguksa Temple together.

무하마드	제시카 씨, 주말에 뭐 해요? 시간이 있으면 같이 경주에 갈까요?
제시카	네, 좋아요. 저도 한번 가 보고 싶었어요.
무하마드	경주에 가면 뭘 하고 싶어요?
제시카	저는 팥을 좋아해서 황남빵을 먹어 보고 싶어요.
무하마드	저도 팥을 좋아해요. 그럼 같이 황남빵을 먹어요.
제시카	좋아요. 무하마드 씨는 경주에서 뭘 하고 싶어요?
무하마드	저는 유적지에 관심이 있어서 불국사에 가 보려고 해요. 불국사를 알아요?
제시카	네. 유튜브에서 봤어요. 아름다웠어요. 같이 불국사에 가요.

💬 새 어휘 및 표현 Words and Expressions

팥 red bean   불국사 Bulguksa Temple

✎ 연습 Practice

● 앞의 대화를 참고하여 같은 색깔의 단어끼리 바꾸어 친구와 이야기해 보세요.
  Refer to the conversation above and talk to your friend by changing the words presented in color.

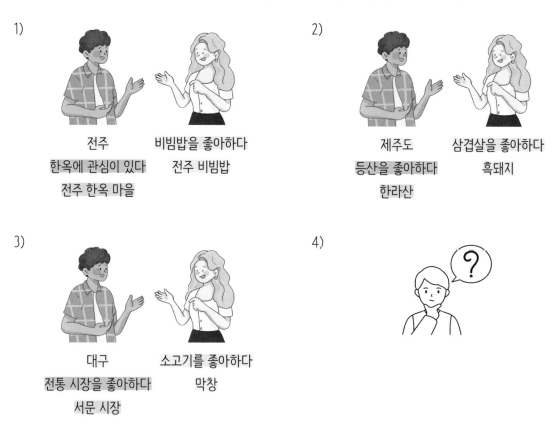

1)

전주
한옥에 관심이 있다
전주 한옥 마을

비빔밥을 좋아하다
전주 비빔밥

2)

제주도
등산을 좋아하다
한라산

삼겹살을 좋아하다
흑돼지

3)

대구
전통 시장을 좋아하다
서문 시장

소고기를 좋아하다
막창

4)

💬 새 어휘 및 표현 Words and Expressions

전주 Jeonju   대구 Daegu   막창 beef intestine

01 다음을 듣고 보기 에서 알맞은 것을 고르세요.
Listen to the following and choose the correct answer from the 보기 . ◀ 052

1) ( ) 2) ( ) 3) ( )

제시카

무하마드

카나

보기　　　①　　　②　　　③

④　　　⑤　　　⑥

02 다음을 듣고 질문에 답하세요.
Listen to the dialogue and answer the questions. ◀ 053

1) 두 사람은 지금 뭐 해요?
What are the two persons doing now?

① 여행 계획을 짜요. ② 숙소를 예약해요.

③ 교통편을 예약해요. ④ 여행 준비물을 사요.

2) 대화가 끝나고 여자가 이어서 할 행동으로 맞는 것을 고르세요.
Choose the right thing for the woman to do after the conversation.

① 기차표를 알아보려고 해요. ② 맛집을 방문하려고 해요.

③ 숙소 후기를 읽으려고 해요. ④ 게스트하우스를 예약하려고 해요.

● 다음을 읽고 질문에 답하세요.

Read the following and answer the questions.

천년고도 경주에서 신라의 어제와 오늘을 만나 보세요.

불국사	대릉원	황리단길
불국사는 한국에서 가장 먼저 유네스코(UNESCO) 세계문화유산에 등재된 절이에요. 신라 시대의 종교는 불교예요. 불국사에 가면 불교의 모습을 잘 볼 수 있어요. 그중에서 다보탑과 석가탑이 유명해요.	대릉원은 신라 시대의 왕, 왕비, 왕족의 무덤이 있는 공원이에요. 아주 넓고, 경치가 아름다워서 사람들이 사진을 많이 찍어요. 후기를 읽어 보면 예쁜 사진이 많아요. 멋진 사진을 찍으려고 하면 대릉원을 추천해요.	황리단길에는 맛집, 커피숍, 기념품 가게가 많아요. 경주의 유명한 음식을 먹고 싶을 때, 맛있는 커피와 디저트를 먹고 싶을 때, 귀여운 기념품을 사고 싶을 때는 황리단길에 가 보세요.

💬 **새 어휘 및 표현** Words and Expressions

천년고도 the city of a thousand years   신라 시대 Silla Dynasty   세계문화유산 World Cultural Heritage   등재되다 to be nominated
절 temple   종교 religion   불교 Buddhism   모습 aspect   다보탑 Dabotap Pagoda   석가탑 Seokgatap Pagoda   왕 king
왕비 queen   왕족 royal family   넓다 wide   무덤 tomb   멋지다 cool   가게 shop   디저트 dessert

01 다음 중 누구에게 황리단길을 추천하는 것이 좋아요?
Among the following, who do you recommend Hwangridan-gil to?

① 아름다운 경치를 보고 싶은 사람   ② 예쁜 사진을 많이 찍고 싶은 사람

③ 신라 시대의 종교를 알고 싶은 사람   ④ 경주 황남빵을 먹어 보고 싶은 사람

02 다음을 읽고 맞는 것에 'O', 틀린 것에 'X' 표시하세요.
Read the following and mark 'O' for correct and 'X' for incorrect.

1) 불국사는 유네스코에서 만든 절이에요.   (   )

2) 불국사에 가면 왕의 무덤을 볼 수 있어요.   (   )

3) 대릉원 여행 후기에는 예쁜 사진이 많아요.   (   )

01 159쪽의 어휘와 아래 문법을 사용하여 문장을 만들어 보세요.
Use the vocabulary from the page159 and the grammar below to create sentences.

문법 Grammars	· V/A-(으)ㄹ 때	· V-아/어/해 보다
	· V-(으)려고 하다	· V-(으)ㄹ까요?

1) ....

2) ....

3) ....

4) ....

02 위의 문법을 사용하여 보기 와 같이 자신의 여행 경험에 대해 쓰세요.
Using the grammar above, write about your travel experiences as shown in the 보기 .

보기

저는 시간이 있을 때 여행하는 것을 좋아해요. 지난주에 친구하고 같이 대구에 갔어요. 대구에서 막창을 먹어 봤어요. 저는 괜찮았지만 친구는 안 좋아했어요. 그리고 우리는 서문 시장에 갔어요. 서문 시장에서 옷, 신발, 음식을 구경하고, 호떡을 먹었어요. 호떡은 아주 맛있 었어요. 다음 주에 전주에 가려고 해요. 전주에서 전주 비빔밥을 먹어 보고 싶어요. 그리고 전주 한옥 마을에도 가 보고 싶어요.

너랑 나랑 Talk Talk

● 다음 대화를 제시된 문법의 색깔에 맞춰 한국어로 바꿔 쓰세요.

Write the following conversation into Korean based on the grammar as presented in color.

V/A-(으)ㄹ 때	V-아/어/해 보다	V-(으)려고 하다	V-(으)ㄹ까요?

Kana, where would you like to go in Korea?

I'd like to go to Gyeongju. I watched Gyeongju on YouTube before coming to Korea. It was so beautiful. I really want to go there when I have time.

Gyeongju has many historical sites, so Koreans love it too.

Oh, I definitely want to go during this school vacation.

If you have time, shall we go to Gyeongju together this weekend?

Yes, that's great. I wanted to go there too.

What would you like to do when you go to Gyeongju?

I like red bean, so I want to try Hwangnam bread.

I'm interested in historical sites, so I'm going to visit Bulguksa Temple. Do you know Bulguksa Temple?

Yes, I saw it on YouTube. It was beautiful. Let's go to Bulguksa Temple together.

11과

- ☐ 태권도를 하다 to practice Taekwondo
- ☐ 한옥 마을에 가다 to visit a Hanok village
- ☐ 한복을 입다 to wear Hanbok
- ☐ 서예를 하다 to practice calligraphy
- ☐ 한국 춤과 노래를 배우다
  to learn Korean dance and songs
- ☐ 전통 음악/판소리/사물놀이 공연을 보다
  to watch a traditional music/pansori/
  samulnori performance
- ☐ 김치를 만들다 to make kimchi
- ☐ 한국 예절을 배우다
  to learn Korean etiquette
- ☐ 명소를 방문하다 to visit tourist attractions
- ☐ 다도를 체험하다
  to experience a tea ceremony

12과

- ☐ 여행 계획 travel plan
- ☐ 일정 schedule
- ☐ 계획을 짜다 to make a plan
- ☐ 일정을 맞추다 to adjust the schedule
- ☐ 교통편 transportation
- ☐ 기차표/버스표를 알아보다
  to check train/bus tickets
- ☐ 차를 빌리다 to rent a car
- ☐ 숙소 accommodation
- ☐ 호텔/게스트하우스/한옥을 예약하다
  to book a hotel/guesthouse/Hanok
- ☐ 후기를 읽어 보다 to read reviews
- ☐ 준비물 supplies
- ☐ 옷, 세면도구, 신발, 비상약을 준비하다
  to prepare clothes, toiletries, shoes,
  and emergency medicine
- ☐ 짐을 싸다 to pack luggage

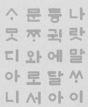

나랏말ᄊᆞ미
듕귁에달아
문ᄍᆞ와로서르
ᄉᆞᄆᆞᆺ디아니ᄒᆞᆯᄊᆡ

이런젼ᄎᆞ로
어린빅셩이
이르고져홇배이셔

부록
Appendix

듣기 대본
Listening script

정답
Answer

어휘 색인
Glossary

듣기 대본

Listening script

1단원   묘사

듣기 1 (Track 08, Page 32)

1) 남자   잭 씨는 지금 뭐 해요?

　　여자   도서관에서 영화를 감상하고 있어요.

2) 여자   여보세요? 가브리엘 씨, 지금 어디에 있어요?

　　남자   도서관에 있어요. 책을 반납했어요. 지금 나가고 있어요.

3) 남자   저기 헤드폰을 끼고 책을 읽는 사람이 누구예요?

　　여자   샤르마 씨예요. 샤르마 씨는 책을 좋아해요.

듣기 2 (Track 09, Page 33)

남자   카나 씨는 어떤 남자를 만나고 싶어요?

여자   키가 크고 잘생긴 남자를 만나고 싶어요.

남자   왜 그런 사람을 만나고 싶어요?

여자   제가 좋아하는 가수는 Seventeen이에요. Seventeen 처럼 멋있는 사람을 만나고 싶어요. 마카우 씨는 어떤 여자를 만나고 싶어요?

남자   저는 마음이 따뜻한 여자를 만나고 싶어요. 그리고 저랑 성격이 비슷한 사람을 만나고 싶어요. 어! 저기 책을 빌리고 있는 남자 어때요? 키가 크고 잘생긴 사람이에요.

여자   누구요? 어디에 있어요?

남자   파란색 모자를 쓰고 학과 잠바를 입고 있는 남자요.

여자   저 사람은 제시카 씨 남자 친구예요.

남자   아, 그래요? 몰랐어요. 미안해요.

날씨

듣기 1 (Track 16, Page 56)

1) 여자   요즘 한국 날씨가 어때요?

    남자   날씨가 안 좋아요. 비가 많이 와요.

2) 남자   흐엉 씨는 여름을 좋아해요?

    여자   아니요, 저는 더운 여름보다 추운 겨울을 좋아해요.

3) 여자   (기상 캐스터) 오늘의 날씨입니다. 오늘은 전국이 대체로 흐리고 제주도는 눈이 내리겠습니다.

    남자   오늘 제주도에 천둥, 번개가 쳐요?

    여자   아니요, 제주도는 눈이 내려요.

듣기 2 (Track 17, Page 56)

     이번 주 날씨입니다. 이번 주는 전국이 대체로 기온이 낮고 춥겠습니다. 월요일부터 수요일까지는 강풍이 불고 건조하겠습니다. 목요일과 금요일은 날씨가 맑겠지만 토요일과 일요일에는 구름이 끼고 흐리겠습니다. 특히 제주도는 평일에는 내내 폭설이 내리겠습니다. 일기예보를 마치겠습니다. 감사합니다.

대학 생활

듣기 1 (Track 25, Page 82)

1) 남자   다말 씨는 보통 주말에 뭐 해요?

    여자   집에서 쉬어요. 밖에 나가는 것을 안 좋아해요.

2) 여자   잭 씨는 뭐 하는 걸 좋아해요?

    남자   저는 공원에서 달리는 걸 좋아해요.

3) 남자   샤르마 씨는 자전거를 탈 수 있어요?

    여자   네, 탈 수 있어요. 자전거 타는 걸 좋아해요.

듣기 2 (Track 26, Page 83)

남자   안녕하세요? 제 이름은 가브리엘입니다. 브라질에서 왔습니다. 저는 한국에서 1년 살았습니다. 한국 생활이 좋습니다. 한국 음식이 맛있고, 날씨도 좋고, 한국 사람도 친절합니다. 그래서 한국에 계속 살고 싶습니다. 그런데 고민이 있습니다. 제 고민은 한국어입니다. 포르투갈어와 한국어는 너무 다른 언어입니다. 그래서 한국어를 배우는 것이 힘듭니다. 교수님은 한국인 친구를 사귀는 것을 권하셨습니다. 그래서 다음 주에 학교 동아리에 갑니다. 저는 그림 그리는 걸 좋아합니다. 그림 동아리에서 그림을 배우고, 한국인 친구를 사귀고, 한국어도 열심히 배우겠습니다.

4단원　건강

듣기 1 (Track 34, Page 106)

1) 여자　어디 아파요?

　　남자　네, 아이스크림을 너무 많이 먹었어요. 배가 아파요.

2) 남자　어제부터 콧물이 나고 열도 나요.

　　여자　감기에 걸렸네요. 푹 쉬세요.

3) 여자　어떻게 오셨어요?

　　남자　허리가 아파서 왔어요.

　　여자　목도 아프세요?

　　남자　아니요.

듣기 2 (Track 35, Page 106)

남자　어떻게 오셨어요?

여자　소화가 잘 안 돼서 왔어요.

남자　언제부터요?

여자　지난주부터 소화가 안 됐어요.

남자　요즘 스트레스를 받는 일이 있었어요?

여자　네, 맞아요.

남자　너무 스트레스를 받지 말고 푹 쉬세요. 그리고 부드러운 음식을 드세요.

여자　네, 알겠습니다. 감사합니다.

5단원　교통

듣기 1 (Track 43, Page 130)

1) 남자　저기요, 이 근처에 은행이 있어요?

　　여자　네. 앞으로 쭉 가세요. 횡단보도를 건너면 바로 있어요.

2) 여자　죄송하지만 빵집이 어디에 있어요?

　　남자　1번 출구로 나가세요. 그리고 횡단보도를 건너세요. 거기에 큰 빵집이 있어요.

3) 남자　여기에서 도서관까지 어떻게 가야 돼요?

　　여자　저 앞에 있는 사거리에서 왼쪽으로 쭉 가세요. 그리고 오른쪽으로 가세요.

듣기 2 (Track 44, Page 131)

남자　유미 씨 내일 뭐 할 거예요?

여자　그냥 집에 있을 거예요.

남자　그럼 잭 씨하고 우리 집에 오세요. 같이 영화 봐요.

여자　좋아요. 그런데 마카우 씨 집은 어디예요?

남자　학교 앞 지하철역 1번 출구로 나오세요. 그리고 횡단보도를 건넌 후 왼쪽으로 쭉 오면 서점이 있어요. 서점 바로 옆에 우리 집이 있어요.

여자　알겠어요. 그럼 도착하면 전화할게요.

남자　네, 내일 만나요.

듣기 1 (Track 52, Page 154)

1) 남자 제시카 씨, 이번 방학에 뭐 할 거예요?

여자 한국 문화를 체험해 보고 싶어요. 서예를 배워 보고 싶어요.

2) 여자 무하마드 씨, 시간이 있으면 한국에서 뭘 하고 싶어요?

남자 사물놀이에 관심이 있어서 한국 전통 음악 공연을 하는 것을 보고 싶어요.

3) 남자 카나 씨, 주말에 같이 한옥 마을에 갈까요?

여자 좋아요. 거기에서 한복을 입어 보고 싶어요.

듣기 2 (Track 53, Page 154)

남자 유미 씨, 오늘 시간이 있으면 강릉 여행 일정을 맞춰 볼까요?

여자 좋아요. 가브리엘 씨는 언제 시간이 괜찮아요?

남자 저는 다음 주말에 시간이 있어요. 유미 씨는요?

여자 미안해요. 다음 주말은 좀 바빠요. 이번 주말은 어때요?

남자 아, 이번 주말에 괜찮아요. 그럼 제가 기차표를 알아 볼게요.

여자 네. 저는 게스트하우스를 예약할게요.

남자 예약하기 전에 후기를 먼저 읽어 보세요.

여자 그럼요. 후기도 읽고, 맛집도 찾으려고 했어요.

정답

Answer

1단원　묘사

1과　파란색 모자를 쓰고 있어요.

문법 1

연습 1.

1) 배우고 있어요　　2) 예약하고 있어요

3) 놀고 있어요　　4) 먹고 있어요

문법 2

연습 1.

1) 작은　2) 비싼　3) 유명한　4) 멋있는　5) 귀여운

2과　지금 저기 도서관에 들어가는 사람이 누구예요?

문법 1

연습 1.

1) 빌린　2) 공부하는　3) 검색하고 있는　4) 감상할　5) 먹은, 먹을

문법 2

연습 1.

1) 긴　2) 아는　3) 마음에 드는　4) 놀 거예요　5) 만들 거예요

듣기

1.1) ③　2) ⑤　3) ②

2.1) ③　2) ①

읽기

1. ④

2.1) X　2) X　3) 0

너랑 나랑 Talk Talk

마카우　여보세요? 샤르마 씨, 도서관 어디에 있어요?

샤르마　2층 오른쪽에 있어요. 분홍색 모자를 쓰고 있어요.

마카우　아, 알겠어요.

　　　　(잠시 후)

샤르마　마카우 씨, 헤드폰이 멋있어요.

마카우　고마워요. 제가 좋아하는 헤드폰이에요. 샤르마 씨,
　　　　지금 저기 책을 반납하는 사람이 누구예요?

샤르마　어… 파란색 모자를 쓰고 있는 사람요?

마카우　아니요. 학과 잠바를 입고 있는 사람요.

샤르마　아! 프엉 씨예요.

마카우　아니요. 저 사람은 프엉 씨가 아니에요. 프엉 씨는 오
　　　　늘 아르바이트가 있어요.

샤르마　아, 그래요? 그럼 저도 모르겠어요. 제가 아는 사람이
　　　　아니에요.

166　부록

3과　오후부터 비가 오고 바람도 불겠습니다.

문법 1

연습 1.

1) 읽습니까　　2) 깁니다　　3) 꼈습니다

4) 재미있습니다　　5) 예쁩니다　　6) 합니까

문법 2

연습 1.

1) 좋겠어요　　2) 늦겠어요　　3) 자겠어요

4) 맛있겠어요　　5) 피곤하겠어요

4과　이번 여름은 작년보다 더 더워요.

문법 1

연습 1.

1) 마카우 씨는 밥을 먹고/먹지만 하준 씨는 공부를 해요.

2) 사과는 싸고/싸지만 수박은 비싸요.

3) 오전에는 날씨가 맑고/맑지만 오후에는 비가 내려요.

4) 하오란은 책을 빌리고/빌리지만 무하마드는 책을 반납해요.

문법 2

연습 1.

1) 이번 학기에는 중간고사보다 기말고사가 (더) 쉬워요.

2) 저는 비오는 날보다 눈오는 날을 (더) 좋아해요.

3) 책보다 하오란이 (더) 잘생겼어요.

4) 유미보다 제시카가 (더) 빨리 달려요.

5) 다말보다 샤르마가 (더) 많이 먹어요.

듣기

1. 1) ③　2) ④　) ②

2. 1) 날씨 / 일기예보　2) ④

읽기

1. ①

2. 1) X　2) O　2) O　4) O　5) X

너랑 나랑 Talk Talk

기상캐스터　날씨입니다. 오늘은 전국이 대체로 **맑겠지만** **내일은**
　　　　　흐리겠습니다.

　　　　　전국에 비가 많이 **내리겠지만**, 오후에는 **그치겠습니다.**
　　　　　하지만 제주도는 오후부터 눈이 **내리겠습니다.**

카나　　　무하마드 씨, 지금 뭐 해요?

무하마드　내일 제주도에 가요. 그래서 일기예보를 보고 있어요.

카나　　　내일 날씨가 어때요?

무하마드　내일 제주도는 오후부터 눈이 내려요.

카나　　　그렇군요. 그럼 내일 눈을 **보겠**네요. 그런데 추운
　　　　　겨울에 제주도에 가요?

무하마드　네, 저는 더운 **여름보다** 추운 겨울을 더 좋아해요.
　　　　　카나 씨는요?

카나　　　저는 예쁜 꽃이 피는 봄을 좋아해요.

무하마드　아, 그래요? 그럼 내년 봄에 우리 같이 여행 가요.

카나　　　네, 좋아요.

5과 교수님, 지금 시간 괜찮으세요?

문법 1

연습 1.

1) 드실 거예요   2) 보세요   3) 일하세요   4) 사세요

5) 가르치셨어요   6) 읽으세요   7) 안 계세요, 계세요

문법 2

연습 1.

1) 공부하겠습니다 2) 하겠습니다 3) 늦겠습니다 4) 사귀겠습니다

6과 저는 요리하는 것을 좋아해요.

문법 1

연습 1.

1) 산책하는 것을   2) 하는 것을   3) 읽는 것을

4) 달리는 것을   5) 만드는 것을   6) 추는 것을

문법 2

연습 1.

1) 만들 수 있어요/없어요   2) 먹을 수 있어요/없어요

3) 할 수 있어요/없어요   4) 칠 수 있어요/없어요

듣기

1.1) ⑤   2) ④   3) ③

2.1) ②   2) ④

읽기

1. ③

2.1) X   2) O   3) X

너랑 나랑 Talk Talk

하오란   교수님, 지금 시간 괜찮으세요?

교수님   네. 괜찮아요. 무슨 일이에요?

하오란   요즘 고민이 있어요. 졸업한 후에 한국 회사에 취직하고 싶어요. 하지만 방법을 잘 모르겠어요.

교수님   아, 그렇군요. 어느 회사에 취직하고 싶어요?

하오란   아직 잘 모르겠어요.

교수님   보통 뭐 하는 것을 좋아해요?

하오란   요리를 잘할 수 있어요. 그래서 음식 동영상을 만드는 것을 좋아해요.

교수님   그럼 요리 학교에서 요리를 공부하세요. 그리고 한국 회사에 취직하세요.

하오란   네. 알겠습니다. 오늘부터 열심히 요리를 공부하겠습니다.

7과　감기에 걸려서 콧물이 나요.

문법 1

연습 1.

1) 고파서　2) 내려서　3) 추워서　4) 많아서

5) 배우고 싶어서　6) 먹어서

문법 2

연습 1.

1) 지어요　2) 벗어요　3) 이어요　4) 웃어요

5) 그어요　6) 씻어요　7) 저어요　8) 빗어요

8과　아프면 참지 말고 약을 꼭 드세요.

문법 1

연습 1.

1) 아프면　2) 추우면　3) 작으면　4) 만들면　5) 먹으면

문법 2

연습 1.

1) 나가지 말고　2) 지각하지 말고　3) 먹지 말고

4) 빌리지 말고　5) 놀지 말고

듣기

1. 1) ①　2) ③　3) ④

2. 1) 소화가 잘 안 돼서 병원에 갔어요　2) ③

읽기

1. 1) ①　2) ②

2. 1) O　2) X　3) X　4) O

너랑 나랑 Talk Talk

프엉　무하마드 씨, 어제 학교에 왜 안 왔어요?

무하마드　감기에 걸려서 안 갔어요.

프잉　지금은 괜찮아요?

무하마드　아니요, 계속 콧물이 나고 목도 부었어요. 그래서 오후
에 병원에 갈 거예요.

〈병원〉

의사　어떻게 오셨어요?

무하마드　콧물도 나고 목도 부어서 왔어요.

의사　언제부터 아프셨어요?

무하마드　지난주부터요.

의사　아프면 참지 말고 약을 꼭 드세요.

무하마드　네, 알겠습니다.

9과　여기에서 앞으로 쭉 가세요.

문법 1

연습 1.

1) 로, 으로　2) 으로　3) 로, 로, 로, 으로

문법 2

연습 1.

1) 만들어야 돼요/해요　2) 해야 돼요/해요　3) 가야 돼요/해요

4) 먹어야 돼요/해요　5) 배워야 돼요/해요

10과　길이 막히니까 지하철을 타는 게 어때요?

문법 1

연습 1.

1) 타니까　2) 부니까　3) 재미있으니까　4) 늦었으니까　5) 머니까

문법 2

연습 1.

1) 하거나　2) 읽거나　3) 듣거나　4) 타거나

듣기

1. 1) ③　2) ①　3) ②

2. 1) ①　2) ③

읽기

1. 1) ③　2) ②

2. 1) 0　2) X　3) X

너랑 나랑 Talk Talk

무하마드　죄송하지만 여기에서 시청까지 어떻게 가요?

아주머니　지하철을 타세요.

무하마드　지하철역까지 어떻게 가야 해요?

아주머니　여기에서 왼쪽으로 쭉 가면 지하철역이 있어요. 1호선을 타거나 3호선을 타세요.

무하마드　지하철역까지 얼마나 걸려요?

아주머니　3분쯤 걸려요. 가까우니까 걸어서 가세요.

〈시청 지하철역에서 내린 후〉

무하마드　저기요. 시청까지 어떻게 가요?

아저씨　1번 출구로 나가세요. 그리고 앞으로 쭉 가면 시청이 있어요.

무하마드　여기에서 멀어요?

아저씨　아니요. 가까워요.

11과 저는 한복을 한번 입어 보고 싶어요.

문법 1

연습 1.

1) 먹을 때 2) 부를 때 3) 있을 때 4) 힘들 때

문법 2

연습 1.

1) 배워 보고 2) 체험해 보고 3) 보고 4) 먹어 봤어요

5) 해 봤어요 6) 타 봤어요, 타 보고

12과 우리 주말에 같이 경주에 갈까요?

문법 1

연습 1.

1) 놀려고 해요 2) 먹으려고 해요 3) 알아보려고 해요

4) 짜려고 해요 5) 입어 보려고 해요 6) 빌리려고 해요

문법 2

연습 1.

1) 먹을까요 2) 만날까요 3) 놀까요 4) 할까요

듣기

1. 1) ③ 2) ⑤ 3) ①

2. 1) ① 2) ③

읽기

1. ④

2. 1) O 2) O 3) X

너랑 나랑 Talk Talk

하준 카나 씨는 한국에서 어디에 가 보고 싶어요?

카나 경주에 가 보고 싶어요. 한국에 오기 전에 유튜브에서 경주를 봤어요. 정말 아름다웠어요. 시간이 있을 때 꼭 가 보고 싶어요.

하준 경주는 유적지가 많아서 한국 사람들도 아주 좋아해요.

카나 아, 이번 방학에 꼭 가 보고 싶어요.

하준 시간이 있으면 이번 주말에 같이 경주에 갈까요?

카나 네, 좋아요. 저도 한번 가 보고 싶었어요.

하준 경주에 가면 뭘 하고 싶어요?

카나 저는 팥을 좋아해서 황남빵을 먹어 보고 싶어요. 하준 씨는 경주에서 뭘 하고 싶어요?

하준 저는 유적지에 관심이 있어서 불국사에 가 보려고 해요. 불국사를 알아요?

카나 네. 유튜브에서 봤어요. 아름다웠어요. 같이 불국사에 가요.

어휘 색인

Glossary

날마다 한국어 초급 2

초판발행	2025년 2월 28일
지은이	김남정·손현미
펴낸이	안종만·안상준
편 집	조영은
기획/마케팅	박부하
표지디자인	BEN STORY
제 작	고철민·김원표
펴낸곳	㈜ **박영사**
	서울특별시 금천구 가산디지털2로 53, 210호(가산동, 한라시그마밸리)
	등록 1959.3.11. 제300−1959−1호(倫)
전 화	02)733−6771
f a x	02)736−4818
e−mail	pys@pybook.co.kr
homepage	www.pybook.co.kr
ISBN	979−11−303−2196−7 03710

정 가   22,000원